房総の縄文大貝塚
―西広貝塚―
忍澤成視

【目次】

装　幀　新谷雅宣
本文図版　松澤利絵

第1章　縄文大貝塚を掘りつくす

1　背丈を超える貝層

どこにどうやって線を引けばいいのか

目の前に自分の背丈を遥かに超える分厚い貝の堆積がある。私に与えられた仕事は、この貝層断面を実測することだ（図1）。しかし、何もできずしばらく立ちすくんでしまう。早稲田大学の二年生になっていた私は、入学当初から考古学研究会に所属し、すでに関東・東北のいくつかの遺跡で発掘の経験は積んでいたのだが……。

普通の遺跡ならば、土の断面を観察したうえで土層の変わり目に線を引き、それを図面に実測できる。しかし、それとは勝手がまったく違う。少し触っただけで崩れてしまう貝ばかりの層、このどこにどうやって変わり目の線を引けばいいのか。まして層を分ける大きな基準となる貝の名前すらよくわからない。

図１●西広貝塚の膨大な貝の堆積
貝塚の貝層を示す言葉に、純貝層・混土貝層・混貝土層というのがある。土の混じり具合を表現したもので、混土貝層は貝が主体、混貝土層は土が主体という意味だ。写真上方は、ほぼ貝のみからなる純貝層、中ほどにやや土を含む混土貝層があり、右下では土の比率が高い混貝土層がみられる。

これは一九八二年の秋、発掘調査補助員として大学の先輩に連れてこられた西広《さいひろ》貝塚でのことであった。

西広貝塚は千葉県市原市の縄文時代後期から晩期にかけての貝塚である。千葉県下の貝塚の数はおよそ七〇〇カ所と全国でもずば抜けて多く、なかでも東京湾の東岸には市川市の姥山《うばやま》・曽谷《そや》・堀之内《ほりのうち》貝塚、千葉市の加曽利《かそり》貝塚など著名な縄文時代の大貝塚が連なっている（図2）。そのなかにあって西広貝塚は、直径最大一五〇メートル、貝の堆積がもっとも厚いところで二メートルにおよぶ関東地方屈指の大貝塚である。しかし、この貝塚の本当のすごさは、その大きさだけではなかった。

新しい街づくりと発掘調査

市原市は千葉県のほぼ中央にある（図3）。養老川が中央を貫き、北岸は東京湾、南端部

図2 ● 南関東における縄文時代主要貝塚の分布
貝塚は東京湾をぐるりととりかこむように分布している。
とくに東京湾東岸にあたる千葉県下に集中している。

は養老渓谷に接し、南北およそ三五キロにおよび、面積は三六八平方キロと県下最大規模を誇る。もとは六町一村で、臨海部では漁業、内陸部では農業が主産業の土地であったが、五町合併によって市制を施行した一九六三年に産業構造が一変する。わが国有数の石油コンビナートとして、一九五八年から京葉臨海工業地帯の造成が開始されたためである。その急増する人口の受け入れ先として、まず八《や》幡《わた》・姉崎《あねさき》地区の背後に大規模な団地が造成され、さらに一九七一年から五井《ごい》地区背後に広がる地域の開発がはじまった。

この地には上総国《かずさのくに》の国分寺がおかれていたことが古くから知られていたため、開発事業は「国分寺台土地区画整理事業」と称された。開発面積は約三八〇万平方メートルにおよぶ全国屈指の大規模な区画整理事業である。

そして、開発に先立つ埋蔵文化財の発掘調

図３ ● 市原市内の縄文時代の貝塚分布と西広貝塚の位置
総数 40 カ所ほどで、沿岸部には少なく、内陸部に入り込んだ場所に多い。
縄文後期の海岸線は埋め立て前の海岸線に近かったとみられる。

査が一九七二年からはじまる。区画整理事業前の航空写真を見れば明らかなように(図4)、そこには人手があまり加えられていない自然地形が広がり、遺跡がきわめて良好に残されていた。

この間に発掘された遺物は、土器、瓦、石器など人工遺物だけでも整理箱でおよそ三万箱におよぶ。東国最古の古墳といわれる県指定史跡「神門《ごうど》五号墳」、国指定史跡「上総国分僧・尼寺跡」をはじめ、縄文から古代におよぶ各時代の超一級の遺跡が名を連ね、稲荷台一号墳から出土した「王賜《おうし》銘《めい》鉄剣」、山倉一号墳の人物埴輪群、荒久《あらく》遺跡出土の「灰釉花雲草文浄瓶《かいゆうかうんそうもんじょうへい》」など重要文化財級の遺物も数多く発見されている(図6)。

こうして埋蔵文化財の発掘調査と併行して進められた土地区画整理事業の終了は二

図4 ● 自然地形がわかるかつての西広貝塚周辺
1947年に在日米軍が撮影したもの。遺跡発掘調査がはじまったころも、地形は大きく変わっていなかった。○は西広貝塚の位置。

〇〇三年となり、結局三〇年余りが費やされることとなったのである。現在、国分寺台地区は、人口二八万を抱える市原市域にあって、その一割弱にあたる二万五〇〇〇人の暮らす市内第一の住宅地となっている（図5）。

冒頭で述べた西広貝塚との出会いは、この発掘調査の一環であった。そしてこの発掘調査で西広貝塚の全貌が明らかになるのである。

市原の貝塚

東京湾の東岸、比較的湾の奥部に位置する市原には、縄文時代につくられた貝塚が約四〇カ所知られている（図3）。この数は、全国一貝塚の多い房総半島においても、隣接する千葉市、市川市、松戸市などに次ぐ多さである。市原の貝塚は主として、市

図5 ● 市街地化した西広貝塚周辺
現在の「国分寺台」。中心に市役所庁舎、学校などの公共施設が配置され、1万戸以上の住宅が建ち並ぶ。このなかで現在も保存されている遺跡は、上総国分僧・尼寺跡の一部などほんのわずかなものだけだ。西広貝塚の位置は右下端部。

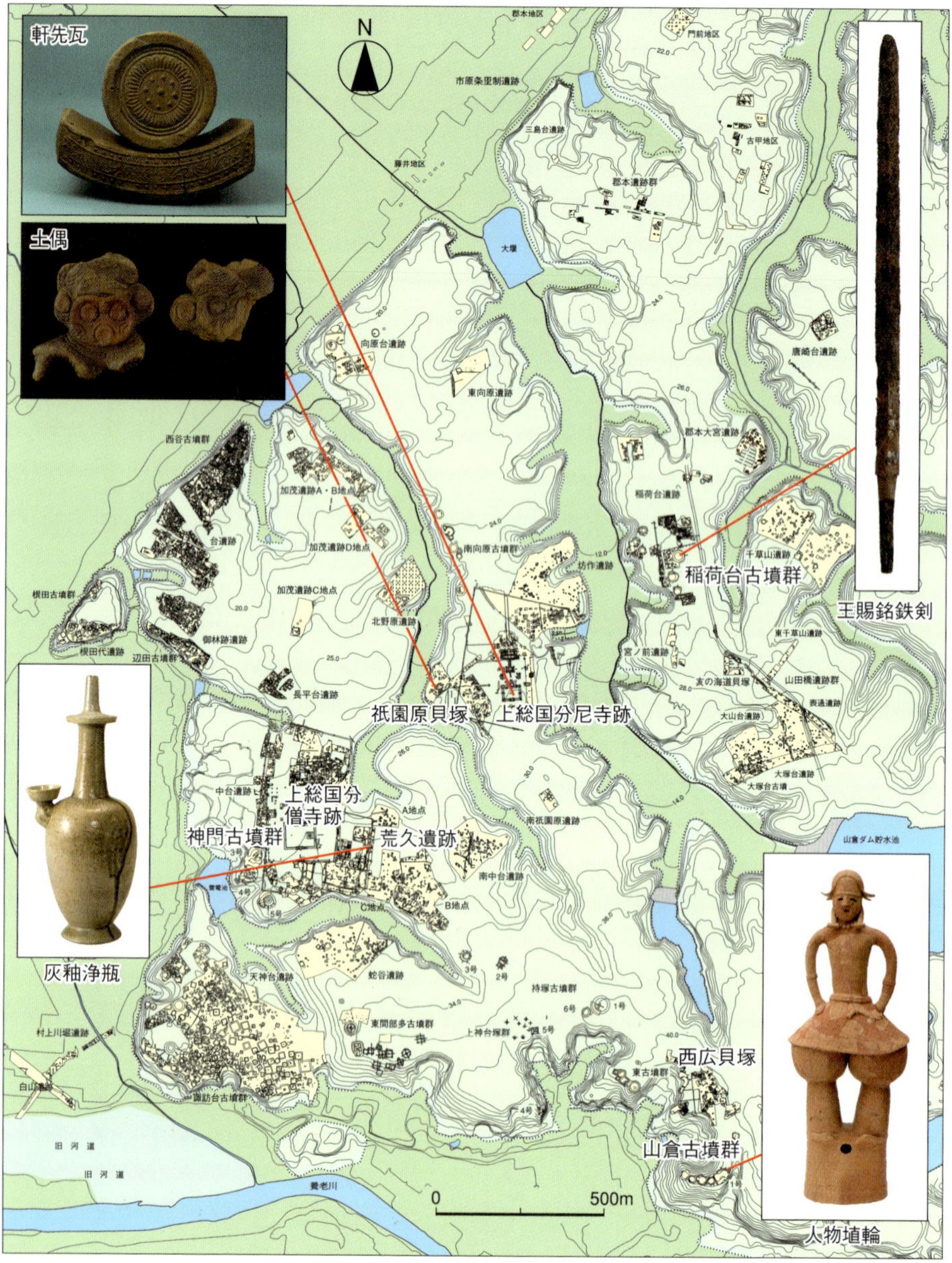

図 6 ● 国分寺台地区内の遺跡

大小の谷の入り込むこの広大な台地上には、旧石器時代から中・近世にいたる膨大な数の遺跡・遺物が存在する。開発面積 380 万㎡ のうち発掘調査がおこなわれた遺跡はおよそ 50 万㎡ ある。

域中央部を南北に流れる養老川が開析した谷奥の台地上に形成され、この川の右岸、左岸に立地する。また、北に隣接する千葉市との境界を東西に流れる村田川沿いにも数カ所の貝塚が知られている。貝塚総数こそ、近隣市にはおよばないものの、西広・祇園原《ぎおんばら》・山倉・山倉天王など、直径が一〇〇メートルを越す大規模な貝塚が多く、とくに国分寺台地区とその周辺にまとまってみられる。時期的には、縄文中期の終わりから後期全般にかけて形成されたものを主とし、中期主体の貝塚がほとんどみられないのも特徴である。これは、加曽利貝塚をはじめ数多くの当該期の大規模貝塚がある千葉市域と様相が大きく異なる点である。また、早期・前期の貝塚もほとんどみつかっていないことも、市原域貝塚群の特徴である。

2　発掘のはじまり

この発掘調査にふれる前に、まずその前史を概観しておこう。

西広貝塚が初めて発掘調査されたのは一九三七年のことである。その内容は翌年、西村正衛によって『早高史学』一に紹介された。遺跡の位置図と簡略な貝層断面図、そして数点の土器の拓本を載せただけの報告であるが、貝塚のおよその形成時期を学会に知らせることとなった。

さらに一九四八年に、同じく早稲田大学教授となっていた西村正衛らが調査する。これは千葉県教育委員会が、県下の史跡天然記念物を調査する一環として、市原地域の遺跡を発掘調査したものであった。

この調査では、貝層が二メートルを超えるものであることがわかっている。さらに、出土した貝類、魚類、獣類の種類と数、そして層序別の土器の内容が示され、西広貝塚のはじまりが縄文時代中期（加曽利E式期）にさかのぼり、主体は後期前半（堀之内式期）で、後期中葉（加曽利B式）から後期後葉（安行《あんぎょう》式期）にもおよぶことが明らかにされている。

出土遺物のなかで石器は乏しいとしながらも、磨製《ませい》石斧《せきふ》・凹石《くぼみいし》が出土し、さらに弭形《ゆはずがた》角製品、鹿角《ろっかく》製垂《たれ》飾《かざり》、内面に朱をいれたハマグリなど、めずらしい遺物が出土したことを示している（図7）。これらの資料の一部は現在、早稲田大学會津八一記念博物館に保管されている。

その後、市原市教育委員会による遺跡内容の確認のための調査がおこなわれ、市毛勲・戸田健により一九六五年に報告されている。この調査は西側斜面貝層の一部と北側平坦面貝層の一部を対象とし、貝層全体の測量図、貝層断面の様子がはじめて図と写真で示された。

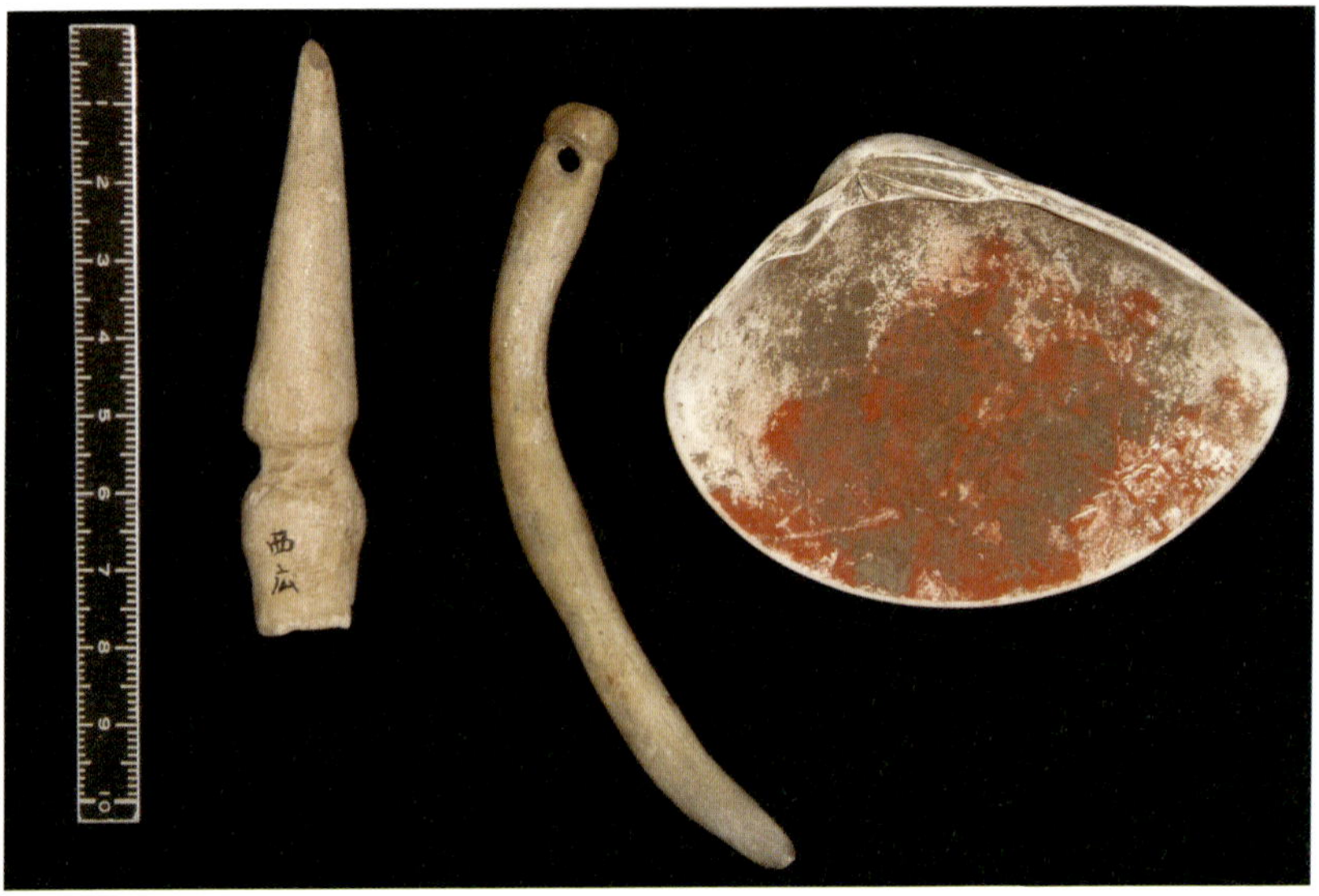

図7 ● 1948年調査の際に出土した骨角貝製品
左から弭形角製品、若鹿の奇形角を使った垂飾、貝殻内面に赤色顔料が残るハマグリ。

3　全面発掘へ

西広貝塚の名を一躍全国に

西広貝塚が本格的に調査されたのは一九七二年一〇月のことである。いまから四〇年ほど前になる（図8）。この第一次調査から数えること七回、およそ一〇年にわたる調査で、直径一五〇メートルにもおよぶ環状貝塚の大部分は発掘調査された（表1・図9）。

当時の調査担当者米田耕之助氏の話によると、調査開始早々、鍬を入れすぐに顔を出したのは、ヒトの骨だったという。なるほど、当時の発掘記録写真に写っているのは、表土のすぐ下のところに横たわる人骨である（図10）。それも一体や二体ではない。この調査で発掘された人骨数は五七体にもおよんだ。縄文時代の墓域の一部をいきなり掘りあてたのである。発掘開始早々のことに、当時の作業員もあまりよい気持ちはしなかったろう。しかし、その後つぎつぎと掘り出される縄文時代の遺物の数々は、素人目にもこの遺跡のすごさを感じさせた。

とくにこの調査でまとまってみつかった土偶一四〇点（図57参照）は、一つの遺跡としては当時日本一の出土量であり、一躍西広貝塚の名を学会に知らしめることとなった。

厚さ二メートルの斜面貝層を掘る

一九八二年四月、第四次調査がはじまった（図11）。調査したのは「西側斜面貝層」とよぶ地点で、堆積していた貝層は、急な斜面を埋めつくすように南北およそ五〇メートル、最大二

図8 ●第1次調査当時の西広貝塚周辺（1972年ごろ）
当時は民家もまばらで、ほとんど畑地と雑木林。
貝塚の中央部がほぼ南北に発掘調査されている。

1次	1972・73年	中央平坦面（中央広場）	中央広場から土偶・石棒など祭祀具が多量に出土。調査区の南北に貝層検出。貝層中・下から多数の人骨検出
2次	1980年	南側平坦面（遺構ほか）	曽谷～安行式の大型住居検出
2次	1980年	東側平坦面・包含層	遺跡東側の限界確認
3次	1981年	北端部平坦面・包含層	遺跡北側の限界確認
4次	1982年	西側斜面貝層	最大2mを超す厚さの斜面貝層、小規模な晩期貝層検出
5次	1983年	南側斜面貝層	南側斜面に形成された住居と貝層検出
6次	1984年	南側斜面貝層	同上
7次	1986・87年	東側平坦面貝層	広域に広がる貝層検出。貝層中・下から多量の土器出土、また多数の人骨検出

表1 ●西広貝塚・発掘調査の経過

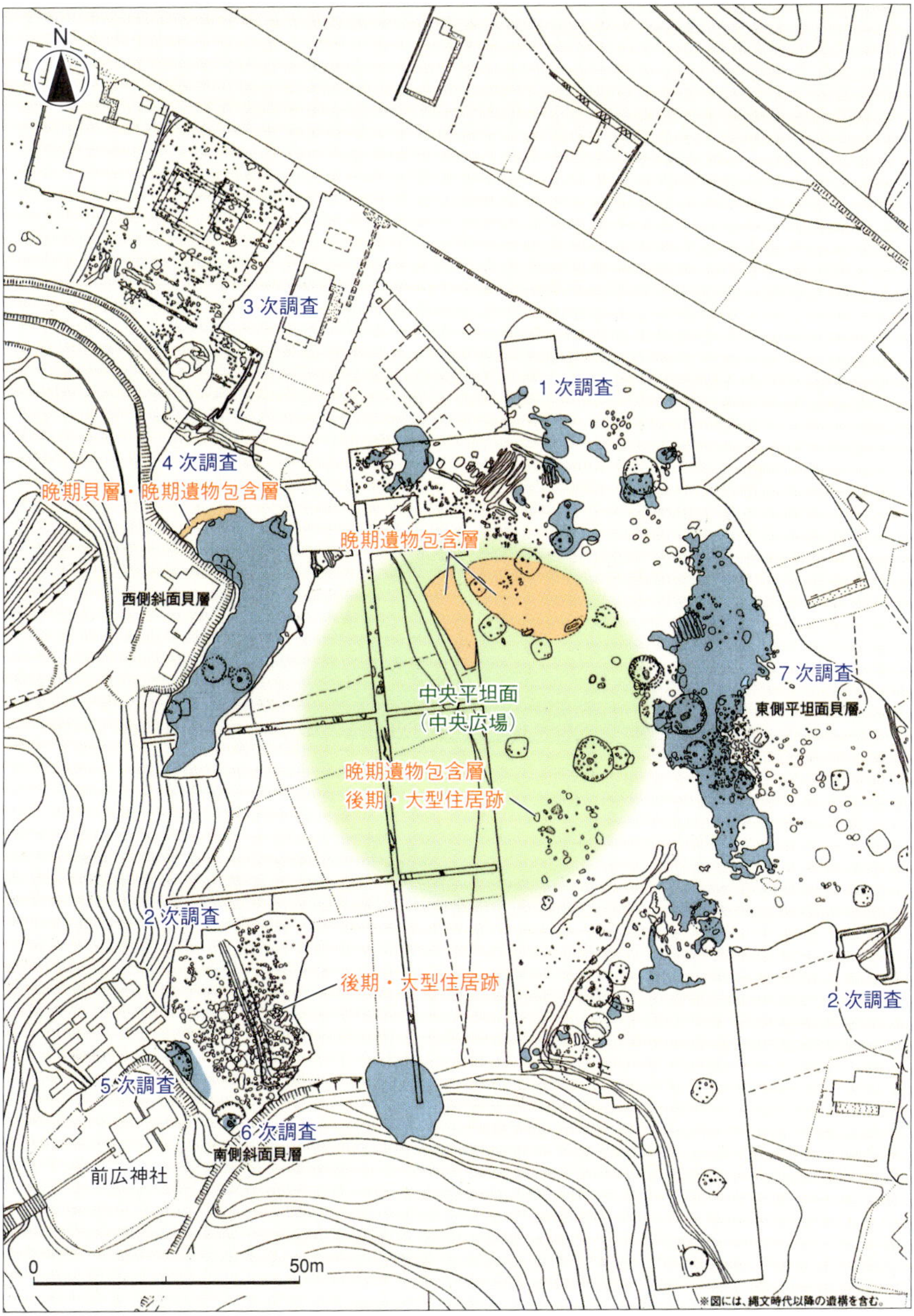

図９ ● 西広貝塚全体図
遺跡中央の一部はトレンチによる部分的な調査で終わってしまったが、直径 150m にわたって展開する環状貝塚の大部分を発掘調査することができた。

メートルの厚さにもおよんでいた（図12）。

堆積のしかたはおおむね良好で、ハマグリやアサリ、シオフキといった二枚貝とイボキサゴとよばれる小さな巻貝を主体とした貝層が交互に重なっていた。土をほとんど含まない純貝層も随所にみられ、人の背丈を優に越えるその見事な断面は、見る者の目を釘付けにした（図1参照）。貝層下からは、斜面地にもかかわらず住居跡がみつかり、この箇所にも居住域があることがわかった（図52参照）。また、良好な状態のイヌの埋葬骨も発見されたのである（図13）。

図10 ● 表土下30cmから姿をあらわした埋葬人骨
手前人骨の足の上には土器が被せるようにおかれていた。

図11 ● 第4次調査（1982年夏撮影）
手前が調査中の縄文晩期の貝層。奥の後期貝層はまだほとんど手つかずの状態。調査は翌83年3月まで続いた。

貝塚には、おびただしい量の貝類をはじめ魚骨や獣骨など当時の食生活や環境を知るうえで重要な遺物が含まれていた。さらに人やイヌの骨などが埋葬された状態で良好に残り、また骨、角、歯、貝などでつくられた道具類も多数出土した。これらは貝塚ではない遺跡からはほとんど出土することがないもので、貝塚が「情報の宝庫」と言われるゆえんである。

しかし、その貴重な情報を漏れなく回収するには、それなりの発掘調査方法をとらなければならない。当時、東日本では東京の伊皿子《いさらご》貝塚、千葉の木戸作《きどさく》貝塚、宮城の中沢目《なかざわめ》・里《さと》

図12 ● **第4次調査の斜面貝層**
斜度およそ30度の斜面は、最大2mの貝層で埋まっていた。

図13 ● **貝層中からみつかったイヌの埋葬**
頭蓋骨から四肢骨まで各骨が比較的良好に保存され、うずくまるような埋葬姿勢もうかがい知ることができる。貝塚全体ではイヌ6体、タヌキ1体、仔イノシシ（ウリボウ）1体の埋葬がみつかった。

浜《はま》・田柄《たがら》貝塚など各地で貝塚の大規模な発掘がおこなわれており、その調査方法が検討されはじめていた。西広貝塚の四次調査はまさにそんな機運のなかで進められたのである。

すべてを回収しよう！

この時の西広貝塚の発掘調査方針は、「貝層を地点と層位ごとにすべて遺跡から回収してくる」ということだった。これまでの貝塚調査では、貝塚の一部をサンプルとして回収することはあっても、そのすべてを持ち帰る遺跡はなかった。しかし、捨てられてしまう貝層のなかにも貴重な情報は含まれているはずなのである。これをあますことなく回収しようというのが調査団の基本的な方針となったのである。しかし、それをおこなうには膨大な人力と時間を要する。それを覚悟のうえで調査ははじまった。

発掘調査が終了してからだいぶ経って、ほとんどの陣頭指揮をとった米田耕之助氏が、私に漏らしたことがある。「西広貝塚は、史跡としては残せなかったが、何としても別のかたちで残したかった。その方法が、箱詰めしてすべて持ち帰ることだった」と。

この行為は、調査後たびたび非難の的にもなった。貝塚から回収した膨大な資料をすべて整理できるとは、当時、誰も思わなかったからである。しかし、彼の判断は正しかったと思う。あの時、貝を残さず捨ててしまっていたら、いま目の前にある貴重な遺物のほとんどは失われていたはずであり、後章で述べるさまざまな縄文社会の解明はできなかったのである。

貝塚の大移動

では、実際の作業を説明しよう。まず貝層が堆積する斜面の方向に沿って四メートル四方に区分けした。これをグリッドとよぶ。そしてこのグリッドを幅五〇センチに分割し、それぞれ貝層断面を観察して分層し、その層序ごとに掘り下げるのである。したがって、調査では来る日も来る日も貝層の堆積状況を把握するための断面図作成と、これに合わせた層ごとの貝層の箱詰め作業に追われた（図14）。

調査区内に設けられた四メートル四方のグリッドはおよそ五〇カ所で、作成すべき断面図は一カ所あたり八枚で計四〇〇枚にもなる。貝層が厚く堆積が複雑な部分では一面あたり八〇層にもおよぶところもあった。

その結果、約一年を費やしてプラスティック製のコンテナおよそ二万箱におよぶ貝層を採取した。こうして西広貝塚の貝層は別の場所へと移されたのである（図15）。

長さ六〇メートルにわたる貝塚を掘る

一九八六年四月からおよそ一年半におよんだ第七次調査

図14 ● 貝層発掘とサンプリングの様子
斜面下から上に向かって、リレー方式で貝が運ばれ箱詰めされていく。

は、西広貝塚最後の調査となった。これ以前に発掘調査した場所はすでに宅地や道路へと姿を変え、遺跡として残っているのはもはや遺跡東側のみになっていた(図16)。ここには、南北およそ六〇メートルにわたって貝層の分布がみられ、「東側平坦面貝層」とよんだ。

さきにみた西側斜面貝層にくらべると貝層の厚さは薄く、最大五〇センチほどではあったが、貝層中や貝層の下からはおびただしい数の土器類が出土した(図17)。それは土器類を意図的にある場所にまとめて捨てているような感をいだかせた。また貝層の下からは、縄文後期の竪穴住居跡や埋葬人骨も発見された。一次調査区から続く居住域と墓域がみつかり、その範囲の限界も確認できたのである。

この調査においても掘り上げた貝層はすべて回収された。こうして一部未調査部分はあるものの、大貝塚をほぼ全掘したのである。現在、西広貝塚のあった場所は完全に宅地化されてしまった。第五・六次調査地点に隣接していた「前広《さきひろ》神社」の位置が、かろうじて遺跡のあった場所を示す目印となっているにすぎない(図9参照)。

図 15 ● 発掘現場の舞台裏
手前が貝層部。運びきれない貝は現場にストック されていた。
上方シートにくるまれているのはすべて貝層の詰まった箱。

図 16 ● **第７次調査当時の西広貝塚周辺**（1986 年ごろ）
中央が全長 60m の東側平坦面貝層。貝塚のまわりはすでに民家が建ちはじめている。図８の調査初期の様子とくらべてほしい。

図 17 ● **貝層中や貝層下からみつかった土器**
この調査区では、全面的におびただしい数の土器が出土した。その場でつぶれたような完存率の高いものが目立った。

第2章　貝塚を丸洗いする

1　二つの分析方法

前代未聞の貝塚整理

こうして第四次調査から第七次調査までの間、一貫した調査方針のもとに、貝塚の貝層をすべて捨てずに回収した結果、その総数は整理箱およそ「三万七〇〇〇箱」におよび、大型の仮設プレハブ四棟を埋めつくすほどになっていた（図18）。さらに、発掘調査段階で採集された土器や石器なども優に一五〇〇箱を超える数に達していた。箱詰めして山のように積み上げられたこの膨大な数の貝層サンプルを前に、私たちはあらためて「大貝塚を移動」してしまったことを痛感することになる。

そして一九九七年、西広貝塚の整理作業がついに開始される。市原ではこれまでに経験したことのない、いや全国的にみてもほとんど例がない前代未聞の「長丁場」の貝塚整理がはじまったのである。

貝塚の整理とは、簡単にいえば「貝塚のなかみを調べる」ことである。貝塚を構成する貝層の主体が貝殻であるのはいうまでもないが、このほかにたくさん含まれている土器、石器、骨角貝製品、動物や魚の骨、はたまた人骨や植物の残骸まで、ありとあらゆるモノをすべてみつけだし、その内容を詳細に調べようというのである。

そのためには、まず細かいモノをみつけづらくしている土壌（土）を除去しなければならない。土さえとり除いてしまえば、そこに残るのは多量の貝殻と骨や土器などということになる。土壌をとり除くためには、細かい網目のフルイ上で水洗いすればよい。網目を通り抜けるのは細かい土壌で、網目上には土以外のいっさいが残るのである。

五ミリのフルイと一ミリのフルイ

西広貝塚の貝層分析作業は、大きく分けて二つの方法でおこなった（図19）。

一つは、貝層全体のおよそ八五パーセントを対象に、五ミリのフルイ目上に残る遺物をすべて回収する「簡易処理」という方

図18 ● 箱詰めされて「移動」された西広貝塚
上：プレハブを埋めつくし、建物の外にも積み上げられたコンテナ。
下：コンテナの中身。貝と土が混じる貝層を掘りあげたままの状態。

法である（図20）。この作業の目的は、貝層中から土器、石器、骨角貝製品、大型の動物遺存体などを抽出することにあった。

もう一つは、残りの一五パーセントを対象に、最小一ミリのフルイ目上に残る遺物をすべて回収する「詳細処理」という方法である（図21）。これは、各地の貝塚でよくおこなわれている「コラムサンプリング」とよばれる方法である。貝塚の貝層のうち堆積状況がよい地点を選び、その貝層のすべてを層序ごとに採集して細かく分析するというものである。一〇・四・一ミリの三種類の網目のフルイを使って人力で水洗いした後、フルイ上残留物の分類・選別・同定・集計作業をおこなう。

この作業の目的は、貝塚全体から偏りないように地点を選定したうえで、その箇所の貝層について、簡易処理作業では抜け落ちてしまう微細遺物を分析することにある。これによって、貝類、魚類、獣類、微小貝類など、当時の生業活動や環境などの復元をめざすの

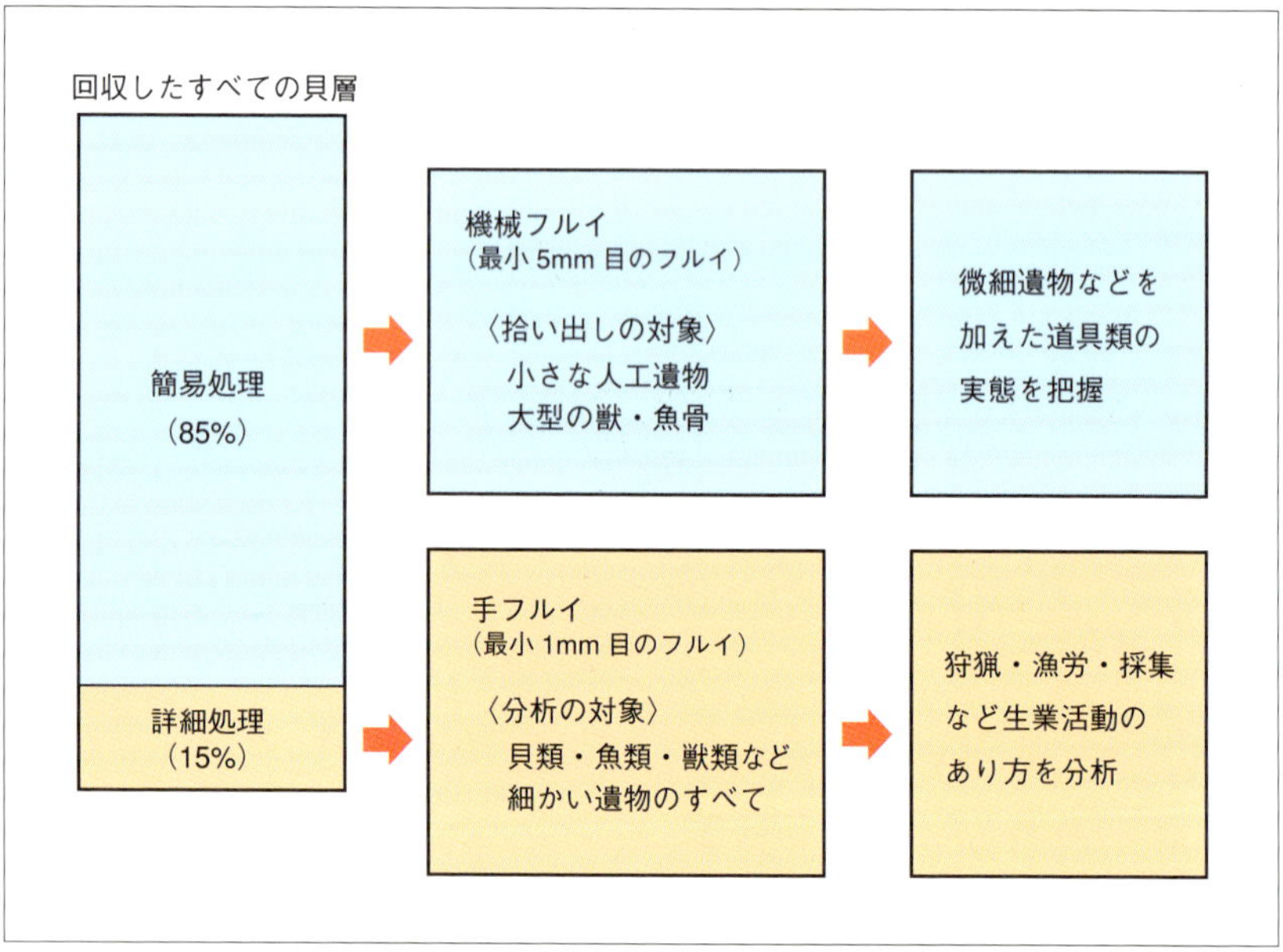

図19 ● 西広貝塚・貝層内容物の分析作業の流れ

①洗い場まではローラーコンベアーで移動する。

②機械フルイを使った貝層の水洗い。

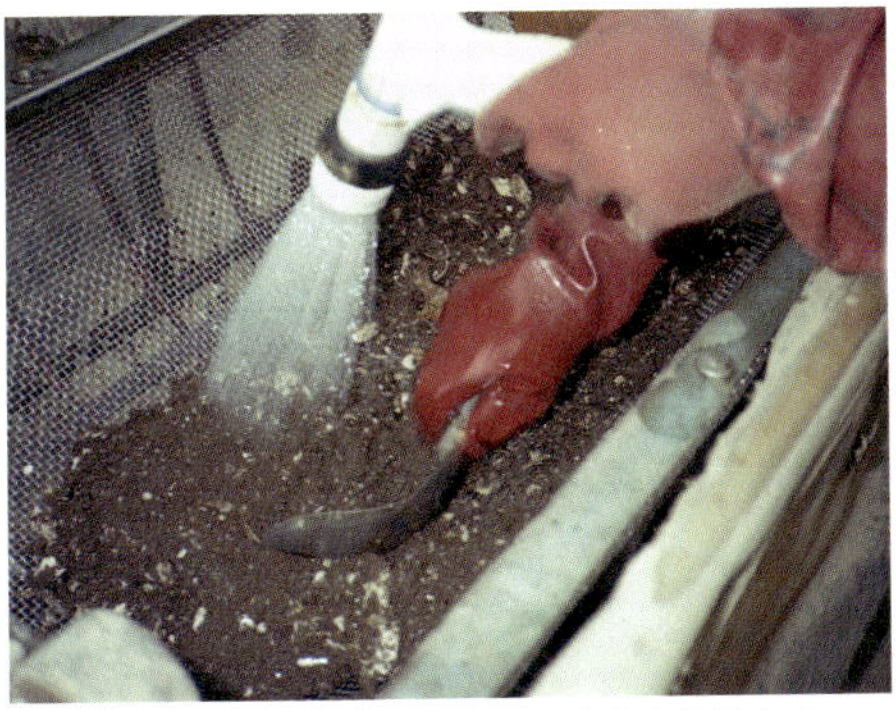

③電動で網カゴが振動し、上から水をかけると土がとり除かれる。

④プレハブ外のテント下でおこなった貝層内容物選別作業。

⑤貝の破片のなかから石器・骨角貝製品・骨などを選び出す。

⑥現場でたびたび開いた骨角貝製品などのレクチャー。特徴やみつけだすポイントを確認した。

図20●「簡易処理サンプル」作業風景

である。

しかし、これらの作業には膨大な時間と人力が必要である。省力化のため、「簡易処理」では水洗い作業に機械フルイを投入した（図20②③）。これは建設工事や園芸用土の土粒を揃えるために使用するもので、電動で網カゴが左右に動く。網の上に貝層を投入し、電動でカゴを揺すり、その上から水をかけるとあっという間に土が洗い流されるというしくみである。また、貝層サンプル運搬の手間を省くため、これらが収納されているプレハブ脇に井戸を掘削して作

①３種類の網目のフルイを使った手洗い作業。（上から 10・4・1mm）

②洗い終わった貝層を網目ごとに乾かす。（左から 10・4・1mm）

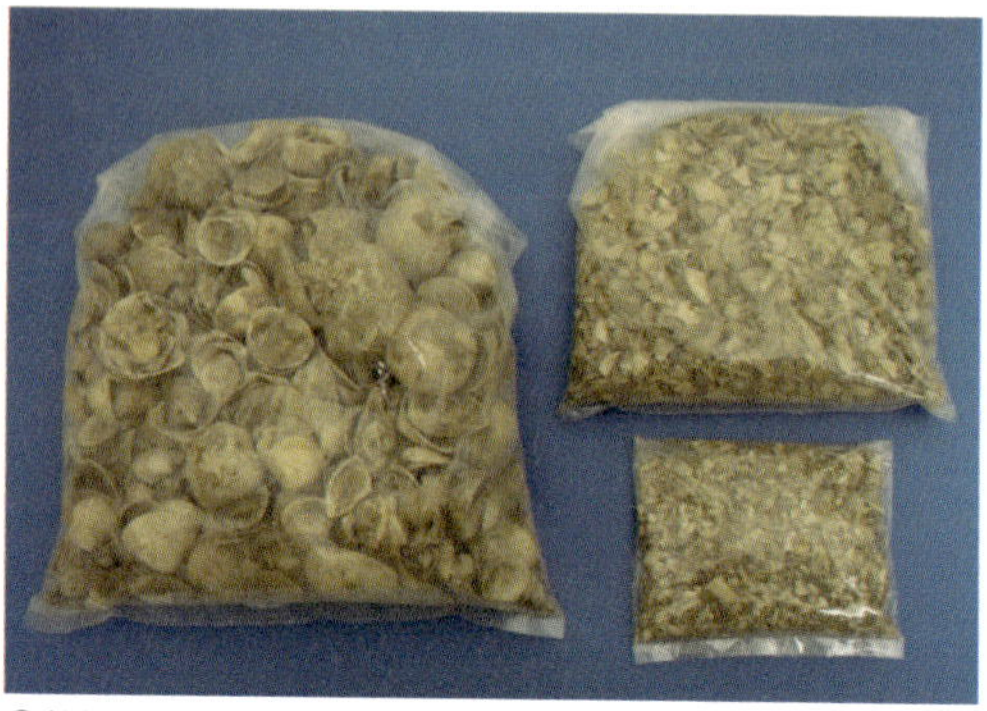

③乾燥後、別々に収納。それぞれの袋の中身の分析作業に移る。（左：10mm、右上：4mm、右下：1mm）

図 21 ●「詳細処理サンプル」作業風景

業にあたった（図20①）。水洗いと併行して、土をとり除いた内容物から、骨や土器、石器、骨角貝製品などをみつけだす作業もおこなった（図20④⑤）。

　こうして三万七〇〇〇箱の貝層サンプルの処理（水洗いと遺物抽出作業）に、全整理期間のおよそ半分の五年が費やされたのである。

2　人海戦術と眼力の賜

「人海戦術」――まさにこの言葉がふさわしい。来る日も来る日も貝層を洗い、そのなかに含まれている微細な遺物をさがしだすという気の遠くなるような単調な作業がくり返された。

　長年、遺跡の発掘調査にたずさわった人たちから選抜して構成した貝塚整理班ではあったが、そんな発掘のプロでさえ、はじめのうちは何を拾いだしていいのか、貝と骨はどう区別するのか、どれが縄文人によって加工されたものなのか、装身具にするなどの目的で入手された貝はどれなのか、見当もつかなかったろう。比較的この種の遺跡が多いといわれている市原でさえ、貝塚を調査する機会はそう多くないのである。

　しかし、作業場内で貝塚特有の骨角貝製品についてのレクチャーを重ねるうち（図20⑥）、しだいにそれぞれの製品の特徴がわかるようになり、やがて微細な断片資料までみつけだせるようになっていった。いま、こうして大切に保管されている遺物は、すべて多くの人びとの眼力によってみつけだされたものなのである。

3　動物遺存体と動物考古学

さて、抽出された遺物類は種類ごとに分類され、さらに各種類ごとにその部位や種の同定がおこなわれる。たとえば、一点の骨がみつかったとする。そのかたちや大きさなどを手がかりに、魚の骨であること、顎の骨の一部であること、さらにクロダイのものであること、というふうに段階を追って調べていくのである。そしてこれらを、貝塚の地点（場所）ごと、層（時期）ごとに集計し、総合的にそれらから読みとれることをさぐっていくのである。

貝塚からみつかる特徴的な遺物に「動物遺存体」がある。土器や石器など「人工遺物」と対比して「自然遺物」などとよばれることもある。

これらの多くは、縄文時代の人びとが周囲の環境に適応しながら、海・森・川などから食用にするために得ていた獲物の残骸である。したがって、これらをくわしく調べることで、当時の生業（狩猟・漁労・採集）活動のしかたがわかり、さらに遺跡周囲の環境（主に海域環境）についてもある程度知ることができる。

しかし、この分析にはあらゆる動物についての知識が必要となる。動物と一口にいっても、それらは魚類、爬虫類、両生類、鳥類、哺乳類、貝類、甲殻類などさまざまなものが含まれている。貝層中からは、これらがすべて混ざりあった状態でみつかるから、それぞれの動物の生態や骨格についての知識がなければならない。主に動物を相手にする分野であるため、「動物考古学」とよぶほどである。

①魚類は、釣ったり買ったりしたものを煮て身をとり除く

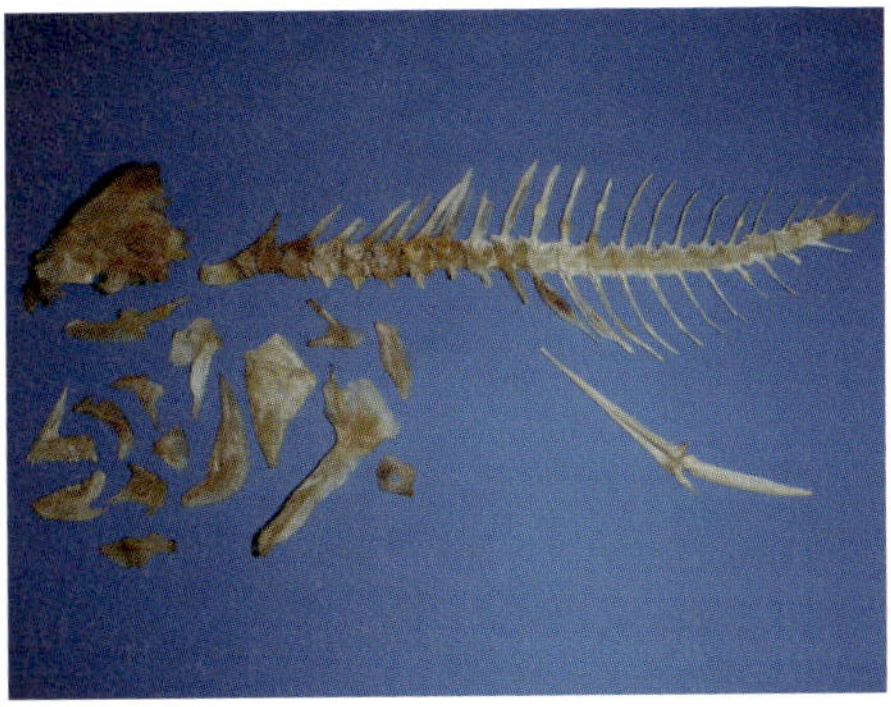

クロダイの標本

②小動物は、事故死したものなどを拾い集めてきて、土のなかに埋めて肉をとり除く

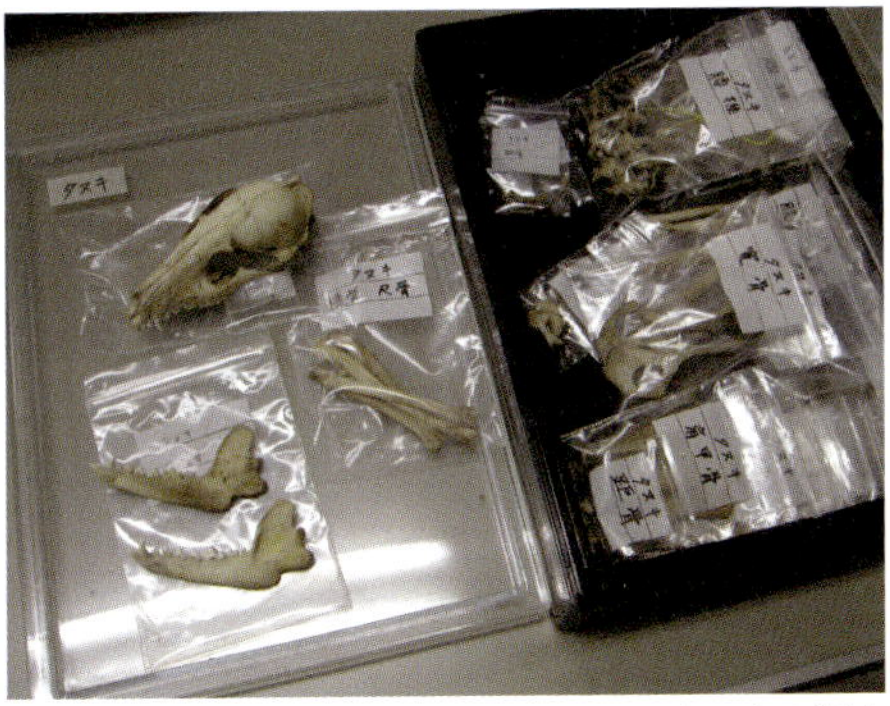

タヌキの標本

③海洋生物は、死んで海岸に打ち上げられたものなどを回収してきて、土のなかに埋め肉をとり除く

水洗いし、アオウミガメの標本をつくる

図 22 ● 骨格標本の作製作業

死骸を拾う、煮る、腐らせる

私たちは、西広貝塚の整理作業にあたり、さまざまな動物の「骨格標本」を集めることに時間を割いた（図22）。

クロダイ、アジ、イワシなど比較的入手が容易な魚類骨を手はじめに、イヌ、スズメ、キジ、ヘビ、ネズミ、モグラ、イタチ、ウサギ、タヌキなど注意していれば死骸と遭遇する機会が比較的ある動物から、イノシシ、シカなどほとんど日常生活ではお目にかからないものまで集めていった。

正月明け早々、人から聞いた情報をたよりに、職員総出で館山の海岸まで一〇〇キロの道のりを車で走り、体長一メートルほどもあるウミガメの死骸を運んできたこともあった（図22③）。

これらの死骸を、煮たり腐らせたりして骨格標本として手元におき、貝塚からみつかった骨の残骸とこれらを照合しながら、より類似性の高いものをみつけていくのである。これが「同定作業」とよぶ仕事である。しかし、これでも集めきれない動物たちがまだたくさんあった。オオカミ・ツキノワグマ・イルカ・クジラ・アシカ・ムササビなど、ここに記しきれない動物たちが西広貝塚からはたくさんみつかっているのである。

こうして、人海戦術で調査員がひとつひとつみつけだした遺物の量と内容は、時折、作業場に喚声があがることもあるほど素晴らしいものだった。次章では、その内容をみていこう。

第３章　貝と骨、角の世界

1　どんな貝、魚・獣を食べていたのか

八割以上が小さな巻貝「イボキサゴ」

地道な同定作業の結果得られた各種の「動物遺存体」のあり方は、西広貝塚の縄文人たちの豊かな食生活を示している。

西広貝塚からみつかったおもな貝類は図23のとおりである。二枚貝と巻貝があり、また海水・汽水・淡水それぞれに生息する貝が含まれていて、縄文人の貝類採取が必ずしも広い湾の干潟だけではなかったことがわかる。河川の河口付近の海水と真水の混じる汽水域でヤマトシジミなどを採り、また塩水の混じらない淡水域では、マツカサガイやカワニナの採取もおこなっていたようだ。

図23下に、西広貝塚でみつかった貝類の平均的な内訳を示した。これは貝殻の個体数から算

出したもので（図24）、驚いたことに全体の八割以上を占めるのが直径一〜二センチほどの小型巻貝のイボキサゴであった。それ以外の貝ではハマグリがもっとも多く、これにつぐのがシオフキとアサリなどやはり二枚貝だった。つまり、西広の縄文人たちが採った貝類はほとんどイボキサゴとハマグリで占められていたのである。

図25の貝塚の断面をみると、上の方に堆積する小型の貝がイボキサゴ、下の方の大きな貝がハマグリであることがわかる。ともに干潟の砂地を好んで生息する種なので、縄文時代の市原には広大な干潟が広がっていた情景を思い描くことができる。

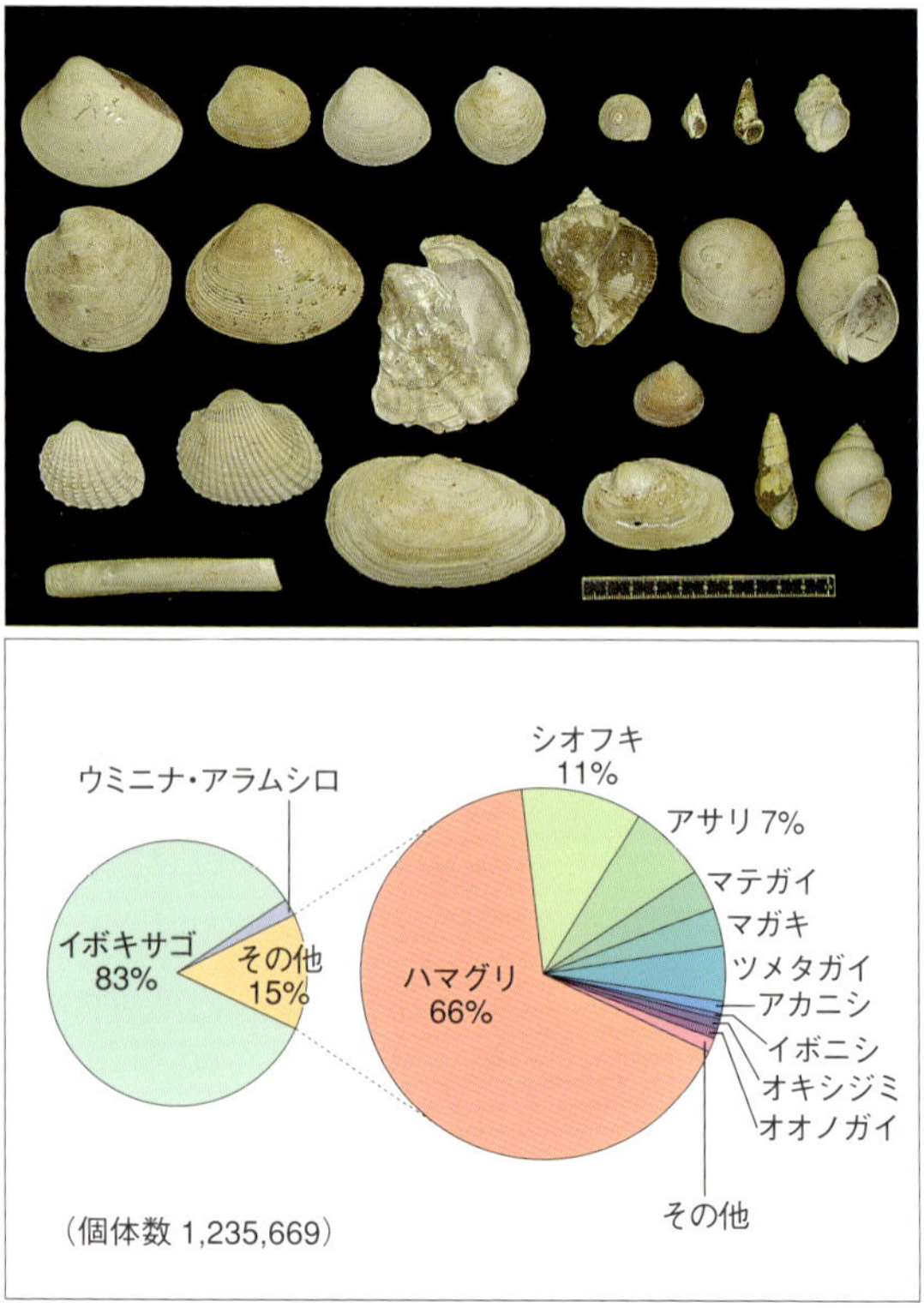

図 23 ● 西広貝塚からみつかった主要貝類
写真右下 3 点が淡水域の貝類であるほかは、鹹水（海水）・汽水域の貝。左上がハマグリ。

イボキサゴを追って

では、貝塚の大半を占めているイボキサゴとはどのように海に棲み、どうすれば採れるのだろうか。東京湾の東岸、千葉県側の海で自然の干潟がいまでも残っているのは、昨今その保存問題で有名になった船橋沖の「三番瀬」、そして木更津の「盤州《ばんず》」干潟などだけである。そこで私は仲間数人と木更津の小櫃《おびつ》川河口に広がるこの盤州干潟をみにでかけてみた（図26）。

その日は大潮で、昼前には海水は遥か沖まで退いていた。満潮時の波打ち際から、約一キロほど沖に歩くと、裸足の足の裏でも感じとれるほど、おびただしい数のイボキサゴがまるで撒き散らしたかのように砂の上に顔を出していた。それはまさに、地元の人たちが、「貝が湧く」とたとえる光景だった。

いったいどのくらいいるのだろう。試しに三〇センチ四方の砂を掘ってフルイで洗ってみると、二〇〇個ほどが簡単に採集できた。この様子は、このあたりでは決して異常な状態ではないようで、年によって差はあるものの、イボキサゴが沖合いに群生するのはまれでないらしい。その気になって集めれば何千、何万個の貝を採ることも容易なことだろう。西広貝塚を構成する膨大な量のイボキサゴの意味が少しわかった気がした。

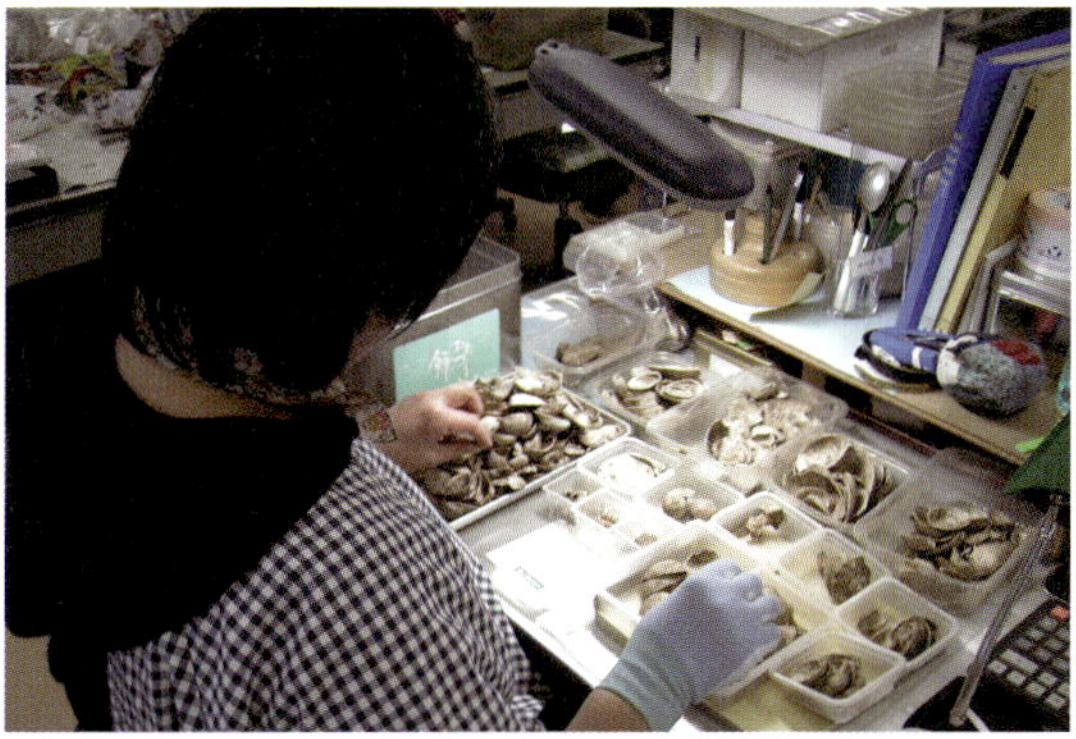

図24 ● **貝類の分析作業**

貝を分類し個体数の集計や主要な貝の大きさを測る。下は、貝種ごとに分類したもの。二枚貝は左右を見極めそれぞれカウントする。

こんな小さな貝どうやって食べたの

市民講座や出前授業などで、市民の方や小学生からよく聞かれる質問がある。「イボキサゴって本当に食べたんですか、こんな小さな貝どうやって食べたの」。

私は「食べていたと思います」と即答している。なぜなら、貝塚のほとんどが海から遠く離れた台地上にあることを考えると、食用以外の目的でこんなに多くの貝を苦労して運んでくることは考えられないからだ。

たしかに、イボキサゴの中身は非常に小さくて殻からとり出すのも面倒である（図26右下）。しかし、シジミ汁の身を食べない人がいるように、なにも貝の味わい方はその身を食べることだけにあるとはかぎらない。たくさんの貝を土器のなかで煮て、そのスープで魚貝類や獣などの肉、山菜、木の実などを煮込めば、現在の寄せ鍋のような料理ができる。知人の話では、イボキサゴの出し汁はけっこう美味だ

図 25 ● 貝塚の貝層断面にみる貝類
上方に集まっている小さな貝がイボキサゴ。
下方の大きな貝がハマグリなどの二枚貝。

そうだ。

縄文人たちのイボキサゴの利用のしかたは、彼らの自然とのかかわり方、食生活の基本をあらわしているといえる。一個の実入りは少なくても、大量に容易に得ることができる食材は、食生活の基本にすることができる。これにハマグリなど肉量の多い貝類を加えることで、よりしっかりとした食糧を確保することになったろう。

そして、もう一つ重要なことは、西広貝塚でみつかったハマグリには、大小さまざまな大きさのものがあるが、殻長で約三センチ以下のものはほとんどないということである。繁殖する前の小さな貝まで採りつくさないといった、ある規制をもって縄文人たちが貝類の採取にあたっていたことがうかが

図26 ● イボキサゴの生息状況と現生貝のようす
千葉県木更津市盤州干潟。右上：生息状況。春先から初夏の大潮の最干潮時間帯には、このような光景がみられることもめずらしくない。左下：1回のフルイがけで採集された貝。右下：身をとり出したところ。

える。豊富な資源は極力利用するが、資源が枯渇するような採り方は避ける。これが彼らの自然とのかかわりの基本だったようだ。

微細な骨から魚類を同定

西広貝塚からは、魚類の骨もたくさんみつかっている。その数およそ三〇種類。微細な骨が数多く、これらを種まで同定する作業は容易ではなかった（図27）。しかし、このしんどい作業によって当時の漁労活動の実態を明らかにすることができたのである。

図28に、西広貝塚でみつかった魚類の平均的な内訳を示した。これは各魚種の主要部位骨から最小個体数を算出して作成したものである。主体を占めるのは、イワシ類、キス、マアジなど海の表層を群れる小型魚で、クロダイやスズキなど大型魚の数より多い。またウナギやフナ、ギバチなど淡水魚もみられることから、彼らの漁労活動の範囲は海ばかりでなく、河口、川、沼地など広域にわたっていたこともわかる。

海の表層を群れる小型魚を獲るには、網が必要である。網漁がさかんだったことは、土器の

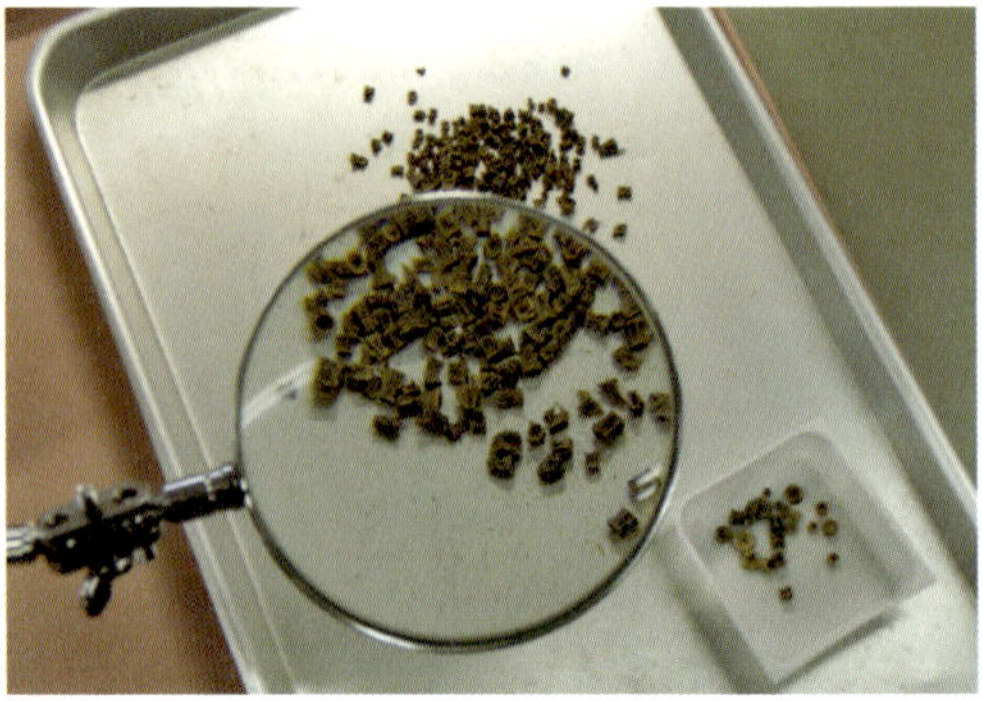

図27 ● 魚類の分析作業
魚の骨は種類・部位を分類集計し、主要なものは部分骨の計測もおこなう。写真は、脊椎骨（背骨）を分類しているところ。

破片を再利用した網の錘《おもり》がたくさんみつかっていることからもわかる（図29）。また、西広貝塚からは骨角製の刺突具も多くみつかっていることから（図29）、クロダイやスズキなど大型魚をヤスを使った刺突漁などによって獲っていたことがわかる。彼らの漁労活動には、リスクの高い大物狙いは避け、比較的容易に獲ることのできる小魚など、豊富な資源を主体に利用するという姿勢があらわれている。

どんな動物を獲っていたか

西広貝塚からは、動物骨としては、およそ二〇種類の哺乳類のほか、カモ・キジ・ウなどを主体とする鳥類も多くみつかっている（図30）。哺乳類の主体はニホンジカとイノシシで、これにタヌキ・ムササビ・ノウサギなど小動物が含まれている。図にはあらわれていないが、ネズミやモグラ・カエル・ヘビなどの検出量も多い。シカやイノ

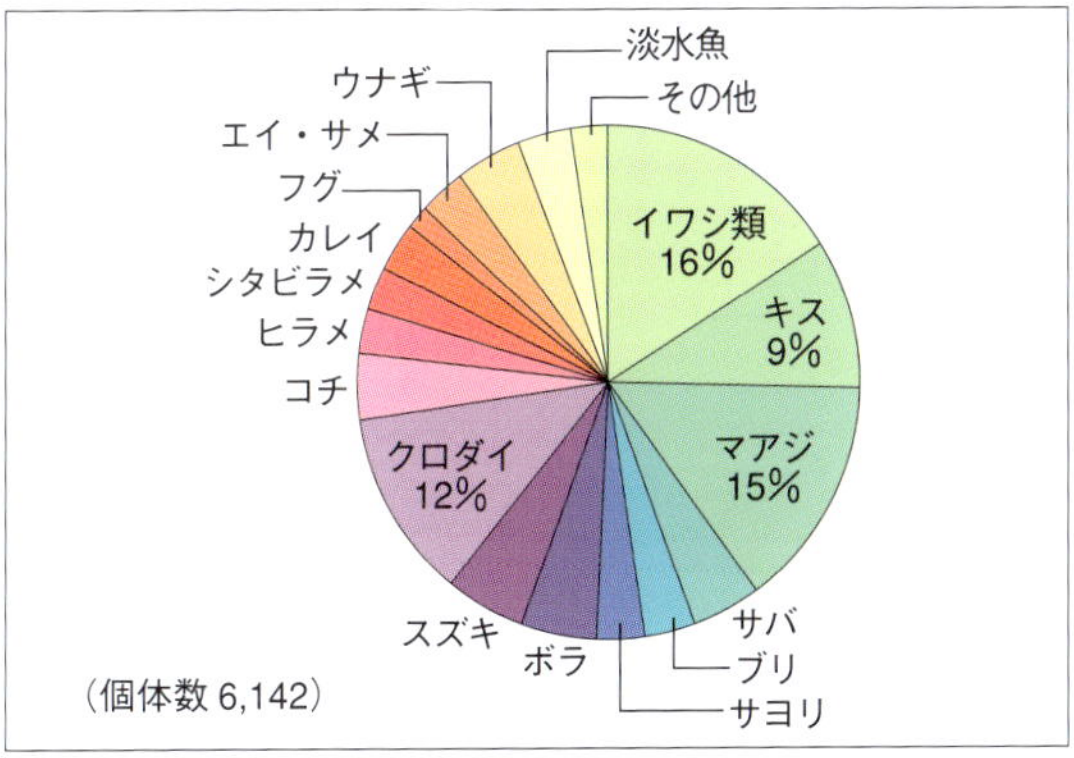

図28 ● 西広貝塚からみつかった魚類の内訳

図29 ● 網漁や刺突漁に用いられた漁具
漁網には土器の破片に紐かけ用のきざみ目をつけた土器片錘（すい）が使われた。刺突漁には鹿角やシカの骨でつくられた、かえしのない一本ヤスが用いられた。

シシなど必ずしも大物ばかりでなく、集落付近で比較的容易に捕獲できる小動物が、彼らの狩猟対象として重要な位置を占めていたとみられる。

なお、動物骨の調査では金子浩昌先生にお世話になった。先生はわが国における貝塚・動物遺存体・骨角器研究の第一人者で、最初の発掘調査以来整理・報告作業段階まで一貫して調査指導していただいた。現在も本市の早期貝塚遺跡で調査指導していただいている（図31）。

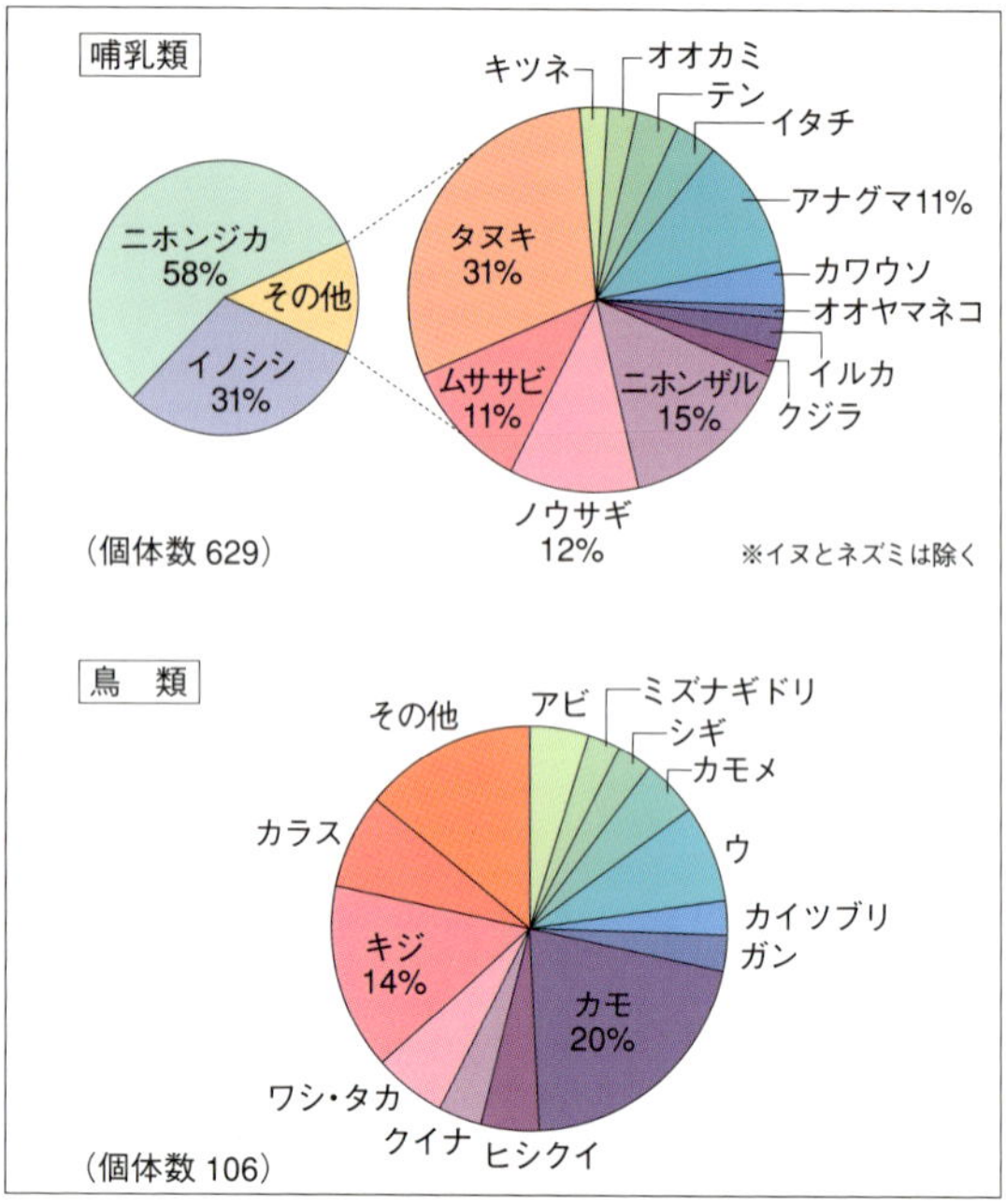

図 30 ● 西広貝塚でみつかった哺乳類と鳥類の内訳

図 31 ● 骨の計測をおこなう金子浩昌先生
獣骨類の分析は、動物種や部位の同定のほか、性別、年齢、骨のサイズによる体長復元、残存状態から骨内部の骨髄食の有無や骨角器への加工のしかたなど、非常に多岐にわたる。動物や骨に関する深い知識と長年の経験が要求される。

2 さまざまな道具類

通常、私たちが発掘調査で発見できる遺物の大きさは、おおむね一センチ程度といわれている。したがって、今回、貝層すべてに五ミリ目のフルイをかけたことは、発掘調査の「限界」への挑戦だったといってもよい。その結果みつかったのは食料ばかりではなく、これまでほとんどみつからなかったような微細な人工遺物をみつけだすことに成功し、これによって、微細な石器や骨角貝製品を含めた縄文時代の道具類の実態が明らかになった（表2）。普通の遺跡では大半を見落としてしまう「サンプリングエラー」を考慮することなく、実態としてのモノの内訳

調査次	土製品			石器・石製品		
	土器片錘等生産用具	耳飾・垂飾	土偶・土版等祭祀用具	石鏃等生産用具	垂飾	石棒等祭祀用具
1次	228	12	222	583	9	104
2次（南側）	21		14	433	6	56
2次（東側）	19		7	55		2
3次	66	3	35	648	5	40
4次	550	31	82	5,142	56	112
5・6次	24	2	4	332	6	7
7次	391	11	42	1,058	21	50
計	1,299	59	406	8,251	103	371
総計	1,764			8,725		

調査次	骨角貝製品				総計
	ヤス等生産用骨角器	貝刃等生産用貝製品	垂飾等装飾用骨角器	貝輪等装飾用貝製品	
1次	51	11	27	28	1,275
2次（南側）	1				531
2次（東側）					83
3次					797
4次	399	1,088	336	2,635	10,431
5・6次	69	29	40	89	602
7次	106	84	101	504	2,368
計	626	1,212	504	3,256	16,087
総計	1,838		3,760		

表2 ● 西広貝塚各種遺物出土量

が明らかになった意義は非常に大きい。

その内容をみると、剥片《はくへん》石器とよばれる石鏃《せきぞく》、石錐《せきすい》、スクレーパーなど小型の石器と、これらを作る際に生じた剥片類（削りカス）が大量にみつかっている。そして特徴的なのは、それ

図32 ● 多彩な道具素材
上：鏃（矢じり）、下：錐・刃ものなど。素材としては、石のほかに、雄のイノシシの牙、鹿角、シカの骨などが多く用いられている。その形態は類似するが、骨角器の場合は動物骨格の原形の特長が最大限に生かされた「かたち」となっている。

らと同形態の骨角牙製の道具が多量にみつかったことである（図32）。

俗に「千葉は石なし県」といわれる。千葉県には、良好な石材を供給できるところがあまりないという意味である。なるほど、千葉県に流れる川の河口に行っても、河原に石が転がっている風景はみられない。これらを供給する山とよべるもの自体がそもそも房総半島にはない。房総半島においては、骨角牙製素材がいかに有用であったかを物語る。

さらに、貝殻の一部を使った「貝刃」や「貝ヘラ」とよばれる道具もたくさんみつかっている（図33）。これらは加工が単純なため、他の貝殻のなかに紛れると、みつけることが非常に困難な遺物であり、まず発掘中にそのすべてをみつけだすことはほぼ不可能に近い。整理室で貝殻一点一点を注意深く観察して、はじめてその存在が明らかとなる。

単純な形態だが、魚の鱗《うろこ》落としや解体、土器の器面調整などに使われたと考えられる。素材となった貝には、チョウセンハマグリ・アリソガイ・オオトリガイなど、一部に外洋の特殊な貝が選ばれていることからも、その道具としての重要度がうかがえる。

図33 ● **貝刃や貝ヘラ**
「貝刃」とは、手に握りやすい大きさのハマグリを用い、貝殻縁辺に石器にするのと同じ要領で連続した刃をつけたもの。刃は内外面に付けるものがある。「貝ヘラ」は、貝殻の一端がすり減っていることで見分けられる。

3　多彩な骨角製装身具

極小の耳飾

「玉類」とよばれる石製の垂飾品の一部や土製の耳飾には、最小五ミリ程度の微小サイズのものが多く含まれていた（図34）。このサイズのものを、貝塚ではない通常の遺跡でみつけだすのは至難の業だ。細かいフルイを通したからこそ回収できた産物である。したがって、この作業によってはじめて縄文時代に使われた装身具の内訳の実態もわかるわけだ。極小の耳飾の存在は、耳たぶの穴が段階的に大きく広げられていったことをものがたり、当時の装身習俗の一端も垣間見せるのである。

表2を再びみていただきたい。「骨角貝製品」の項目では、いまふれた生産用具以外に装身具がたいへん多いことがわかる。骨角貝製の装身具類の充実ぶりは特筆され、その多様性は東日本でも屈指の内容である。これらは、西広貝塚というムラの性格や、後述する房総半島における貝類の利用のしかたの特殊性をあらためて考えるきっかけを与えてくれるものであった。

動物たちとの共存の証

西広貝塚からはシカの角やイノシシの牙、そのほかさまざまな動物の骨や歯牙を用いた多彩な装身具が多量にみつかっている（図35・36）。西広貝塚や近隣の祇園原貝塚から出土したこれらの種類と数は、これまで装身具の中心と考えがちだったヒスイや滑石などの美しい色や質の石を使ったペンダント、そして巧みな装飾を施した粘土を焼いてつくられた土製の耳飾やペンダントをはるかにしのぐものであり、これらはむしろ当時の装身具の主体であったことを示唆する。

豊かな海や森の近くに住み、ここからさまざまな恩恵を受けて暮らしている人たちにとって、ここに棲むさまざまな動物たちとの「共存」は最大の関心事であり、そのことを反映したものがこれらの装身

図34 ● 微細な遺物
上：石製の玉類、下：土製の垂飾・耳飾。石製玉類の素材には、滑石や琥珀などのほか、新潟や富山に特産のヒスイが多くみつかった。ヒスイ製玉には穿孔途中のものや原石も含まれていた。

具であったに違いない。自分たちも自然の一部であることの証しと誓いが、ここには込められているのではないだろうか。

髪針や腕輪とみられる装身具などには、線刻や彫刻、赤彩など見た目の華やかさにこだわった製品もあるが、ペンダントの一部とみられる製品には、骨や歯牙に紐通し用の穴をあける程度しか加工を施していない。動物たちの持ち物である骨格の一部のかたちを、できるだけそのまま使うことにこそ意味があったようだ。彼らは、そのかたちとこれらをもつ動物本来の姿とをしっかりと共通認識としてもっていたらしい。

どの動物のどんな骨が好んで使われているかを調べることによって、縄文人がその動物といかに深くかかわっていたかを知ることができる。西広貝塚からみつかったものでは、特徴的なものとしてオオカミ、ツキノワグマ、アナグマ、ムササビ、サル、クジラ、イルカ、アシカ、サメ、ウミガメなどがあげられる。

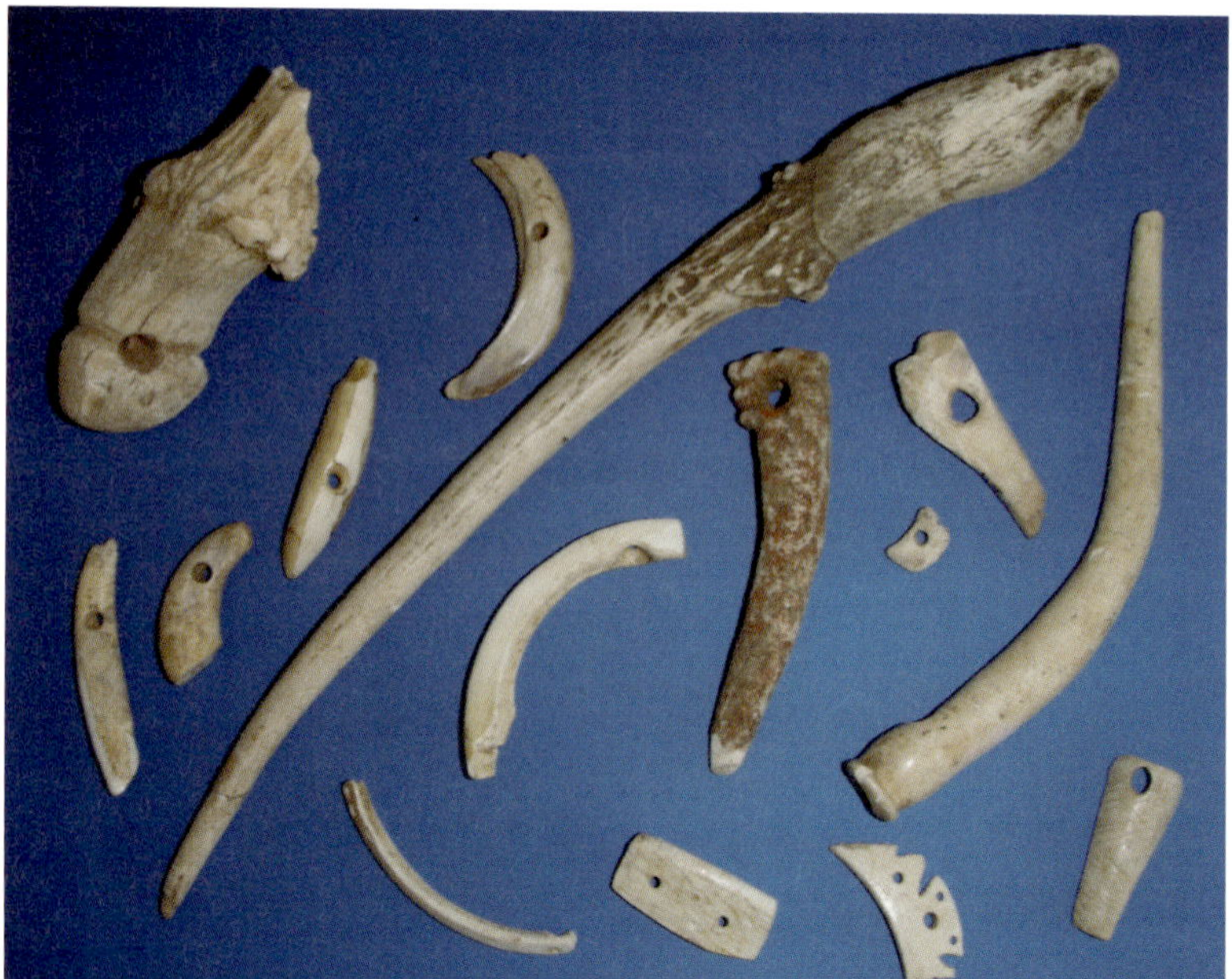

図35 ●シカ、イノシシの骨、牙製の装身具
シカの角や雄イノシシの犬歯が多用される。

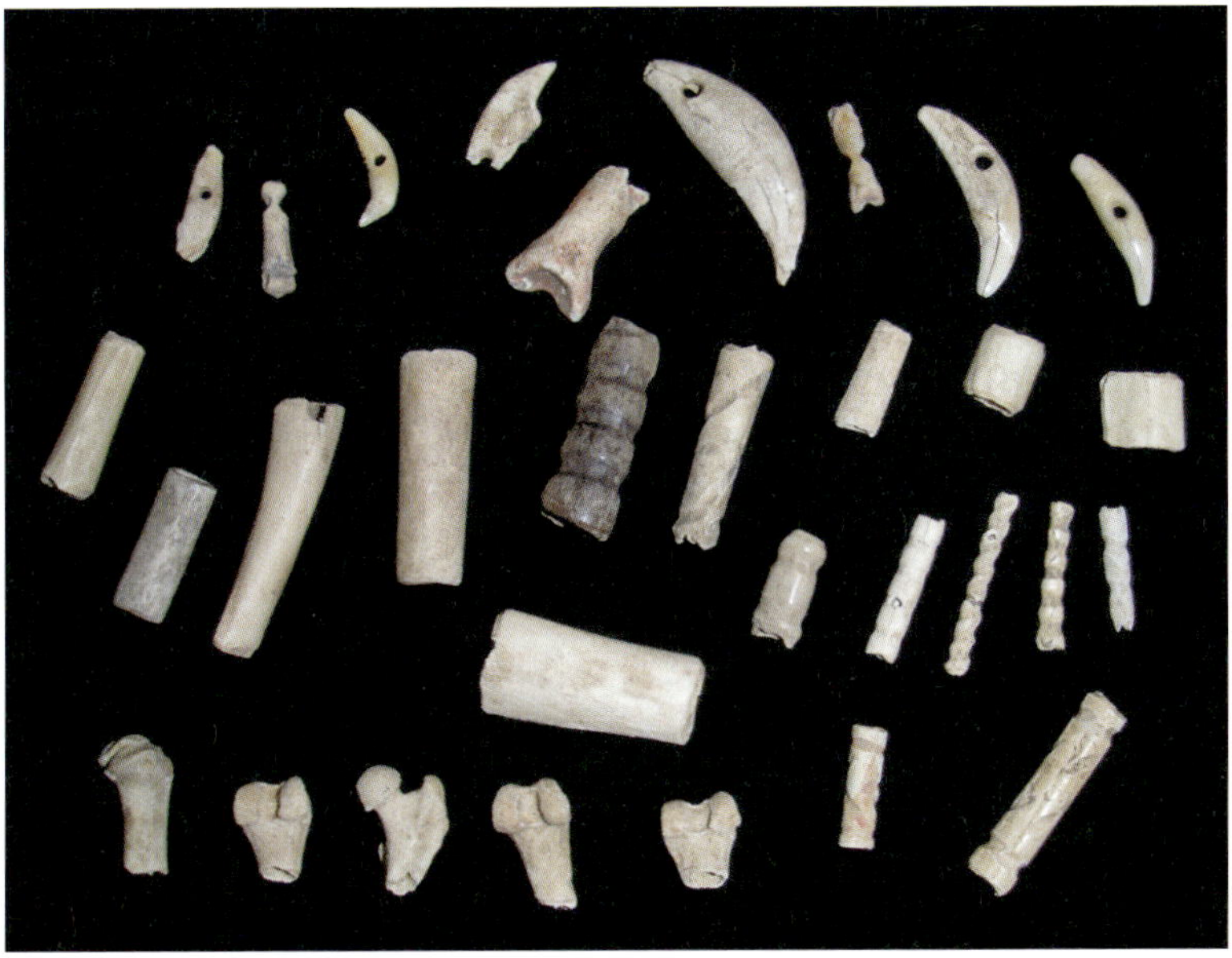

図 36 ● **陸の獣と鳥、海の動物などの装身具**
上：オオカミ・ツキノワグマ・サル・ムササビ・アナグマおよびガン・カモ・ヒシクイ・ウなどがみられる。
下：サメ・ウミガメ・イルカ・アシカなどがみられる。

4　南房総産の貝製装身具

タカラガイとイモガイ

貝製装身具類の出土量は、およそ三二〇〇点におよび（図37、表2参照）、全国的にみても前例がないほど多量である。このうちもっとも注目されるのがタカラガイとイモガイ類である。その数はおよそ七〇〇点にのぼり、これまで東日本各地から出土した遺物総数にも匹敵する。

タカラガイ・イモガイ類は、暖かい海域のサンゴ礁や岩礁に多く生息し、その種類は南へ行くほど増え、日本ではタカラガイ類八八種、イモガイ類一六四種が知られている。暖流の影響が比較的高緯度地域にもおよぶ日本列島では、太平洋側では房総半島あたりにその生息北限がある。しかし、西広貝塚のある東京湾の干潟には岩礁がないので、これらはまったく生息しない。

ということは、これらの貝類を採集した目的は、

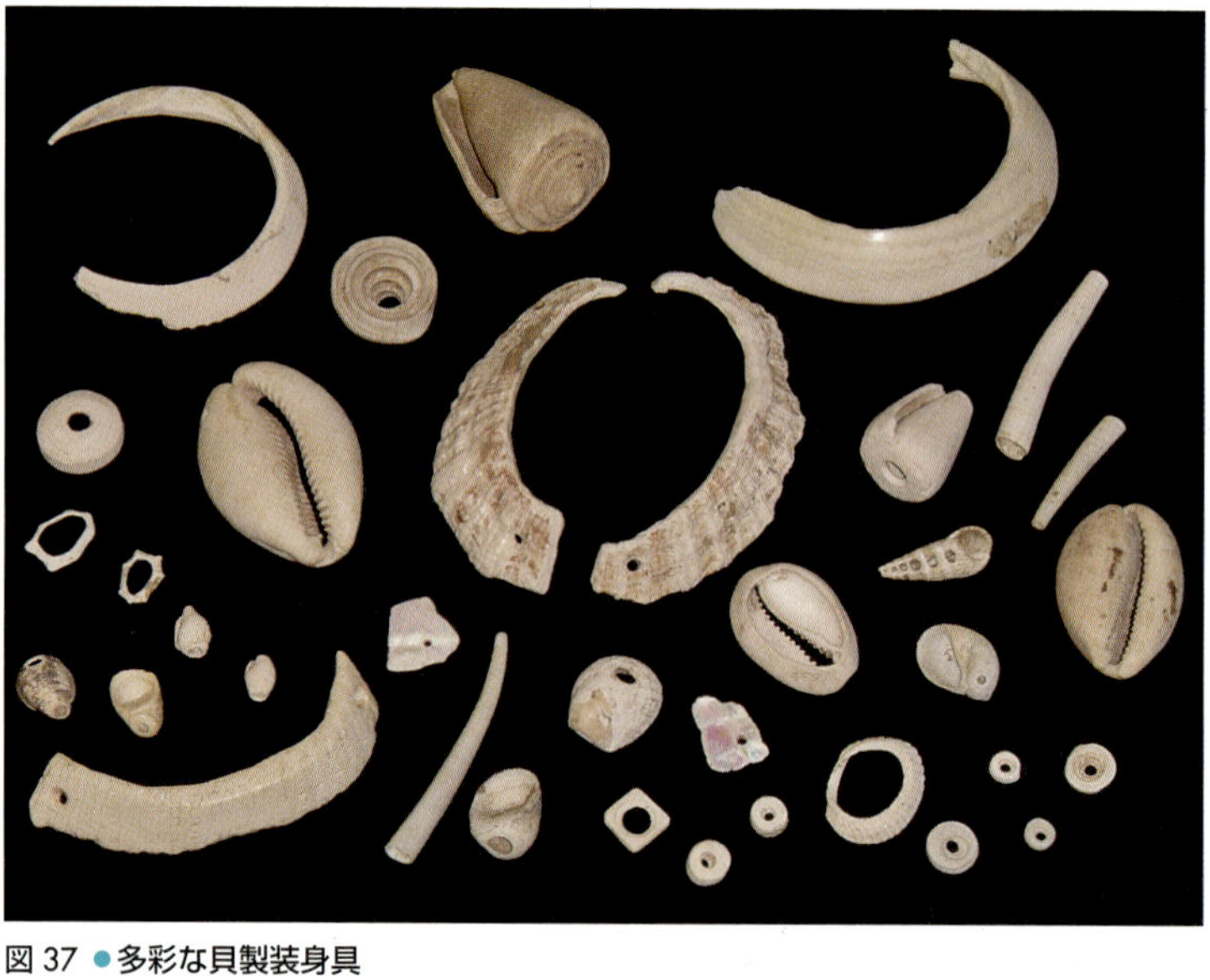

図 37 ● 多彩な貝製装身具
総数およそ3200点がみつかった。ブレスレットやペンダントに使われたものが主で、素材としてはベンケイガイ・タカラガイ・イモガイ・ツノガイが多く、このほかアワビや淡水産の大型二枚貝、5mmほどのサイズの巻貝や二枚貝の玉類もある。

ハマグリやアサリなどのように、その身を食べることではなく、タカラガイやイモガイの貝殻自体にあったということになる。

縄文時代には、タカラガイ類のもつ縦長の特異な殻口部形態、そしてイモガイ類のもつ渦巻

図 38 ● **タカラガイ類加工品**
背面を除去するもの（中央）、腹面を二分するもの（右）が基本形態。左上は未加工。

図 39 ● **イモガイ類加工品**
殻頂部を切断し中央に穴をあけるのが基本形態（下段）。中段は穴のあかないもの、上段は未加工、右端は殻頂部に穴があくが切断されないもの。

き状の殻頂部形態に最大の関心が示されたようで、その部分を意図的に切りとって加工している（図38・39）。

タカラガイ・イモガイが打ち上がる場所

西広貝塚からみつかったタカラガイ・イモガイ類は、南房総の館山湾周辺の海にいまでもたくさん生息していて（図40）、海岸で貝殻を拾うこともできる（図41）。またこれらは、館山湾付近にあった縄文後期の遺跡からみつかる貝の構成とも一致している。つまり、いまから三五〇〇年ほど前の南房総の海は、現在と同じようにタカラガイ・イモガイ類が生息しやすい、黒潮の影響を受けた暖かく比較的穏やかな海だったのである。

そうはいっても、これらの貝が多量に打ちあがる場所は、いまもむかしもある程度限定されていたようだ。潮の流れや海底の地形が生みだす特異な場所、そういった海岸では無尽蔵にこれらの貝殻が集積しているが、それが延々と続いていることはまずない。海岸線に沿って数十メートルの範囲、時には数メートルしか

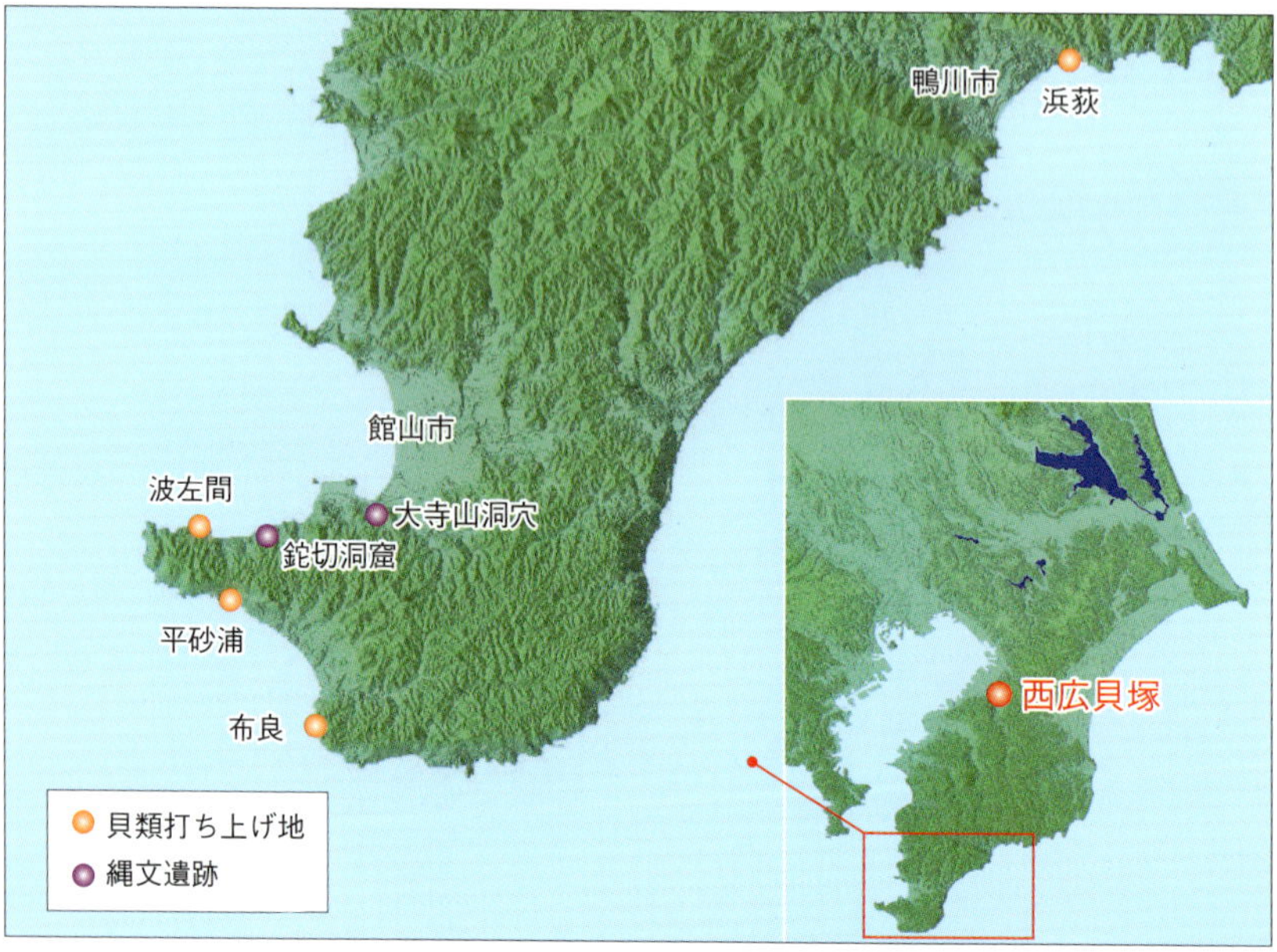

図40 ● 南房総の貝類打ち上げ地と付近の縄文遺跡

ない場合もある。東日本の太平洋側・日本海側各地で打ち上げ貝類の調査をしたところ、伊豆諸島など島嶼《とうしょ》部を除くと、タカラガイやイモガイ類が多量に打ち上がる場所は南房総の限られた場所以外にはほとんどないことがわかってきた（図42）。

つくったのは誰か

では、南房総の海域近くに住む集団がタカラガイ・イモガイ製の装身具をつくったのだろうか。その点を考えるヒントが、外洋性二枚貝のベンケイガイ製貝輪の全国的な出土状況にある。

この貝の場合、暖流である対馬海流の強い影響下にある日本海側にまで比較的広い生息域があり、青森・秋田・新潟・石川・茨城・千葉・静岡・愛知

図41 ● 南房総におけるタカラガイ・イモガイ類の打ち上げ状況
千葉県館山市波左間海岸。右は採集できるタカラガイ・イモガイ類。こういった状況が年中みられるわけではないが、台風の後や冬場の時化（しけ）の後をねらえば、一度に何百個も拾うことが可能だ。

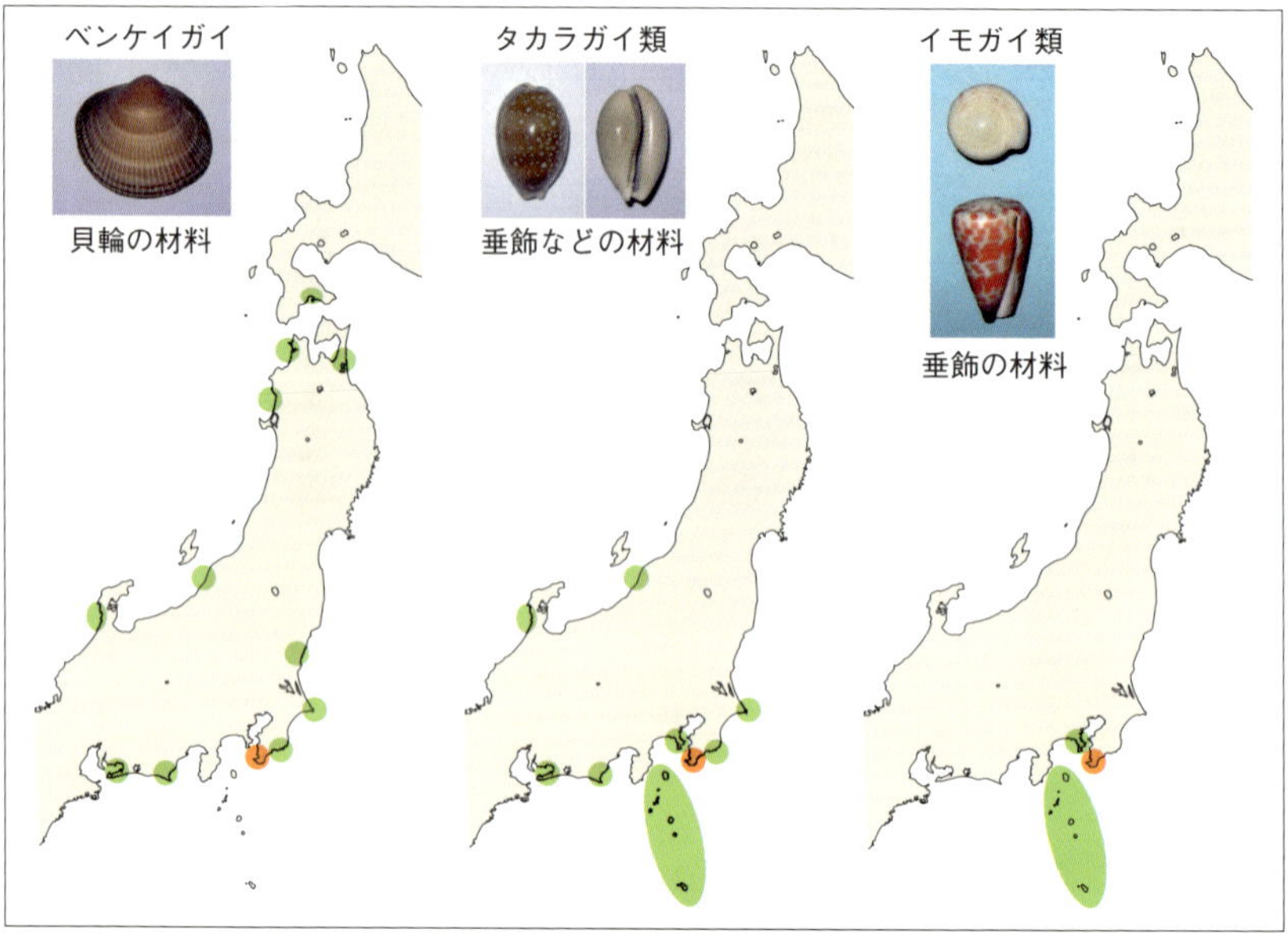

図 42 ● 東日本における主要貝製品素材の現生貝打ち上げ地
著者が実地踏査し、各種貝類が多数集積する場所として認定した地点。今後の調査によって、この図はまだ改変される可能性が高い。

図 43 ● 貝輪生産遺跡と現生ベンケイガイの打ち上げ地
縄文時代の貝輪生産遺跡の近くには、現在もベンケイガイを多数打ち上げる海岸がある。この貝の生息分布と打ち上げ状況が、むかしもいまも大きく変わっていないことの証だ。

などの海岸に、良好な「打ち上げ貝集積地」が確認できる。そのうちのいくつかの近くには、貝の腕輪（貝輪）づくりをおこなった縄文時代の遺跡がある。なかでも、千葉県銚子市の余《よ》山《やま》貝塚や秋田県能代市の柏子所《かしこどころ》貝塚は有名である。貝輪素材供給地の近くに住む集団が、地の利を生かしてベンケイガイの入手と製品加工にあたったのである（図43）。

一方、タカラガイやイモガイ類の場合、いまのところ南房総の海域近くに住む集団が多量の貝類を採集・加工したような遺跡は発見されていない。したがって、これらの貝の場合は、ベンケイガイ製貝輪を専門的につくっていた集団とはタイプが違うとみられる。つまり、生活の拠点はまったく別にも

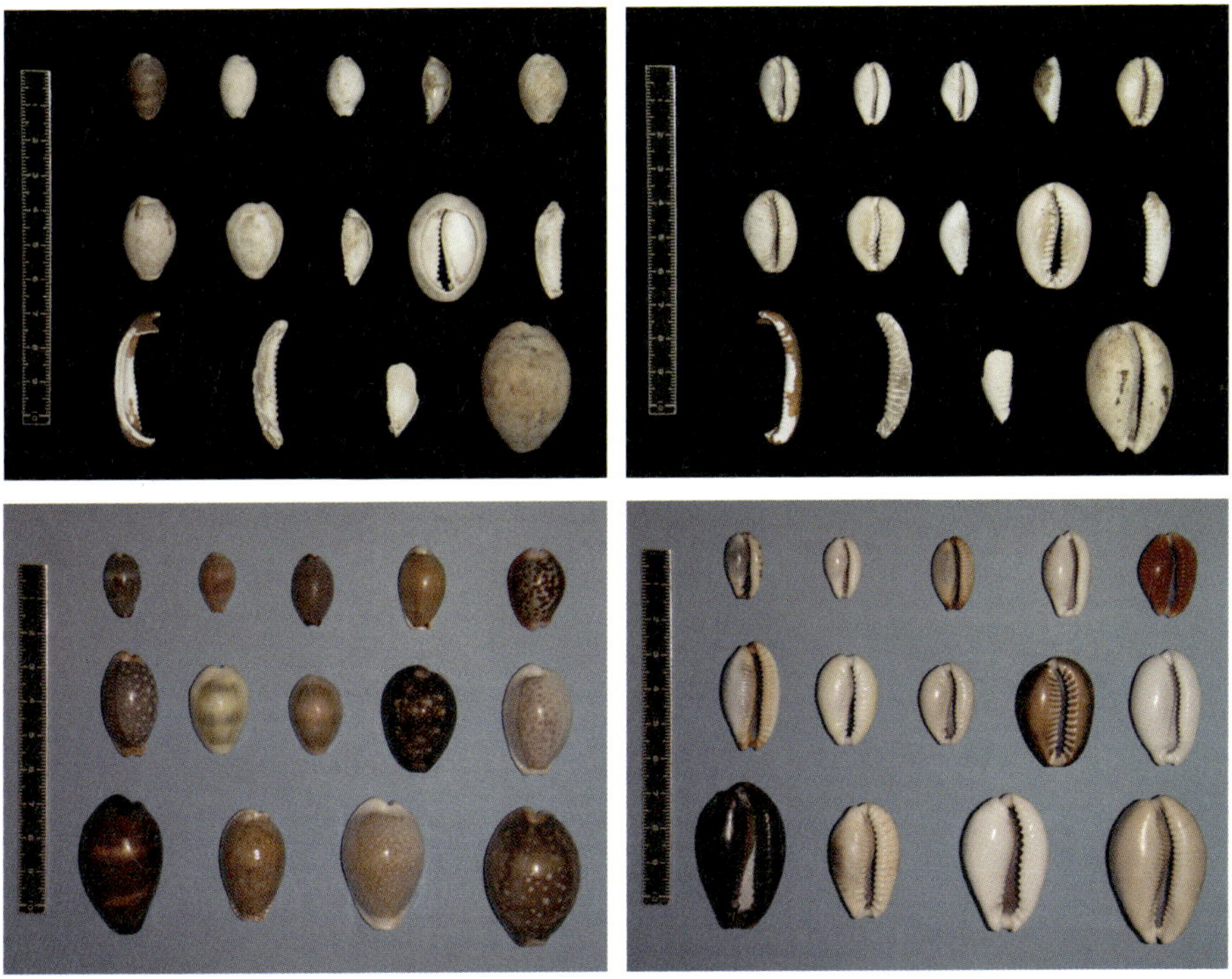

図44 ● 西広貝塚でみつかった14種類のタカラガイ
左上：外面（背面）、右上：内面（腹面）。下は現生貝標本（上下の写真で位置関係が対応する）。この種構成は、現在、南房総で「打ち上げ貝」として採集できるタカラガイの種構成とほぼ一致する。

ちながら、必要な時にだけ遠征してこれらの貝類を採取してくるというスタイルである。

　西広貝塚からは、大小さまざまなサイズの一四種類のタカラガイがみつかった（図44）。このうちもっとも数が多いのが、殻の大きさが二センチ前後のメダカラという小型種のタカラガイである。西側斜面貝層では、四メートル四方の狭い範囲内から二二四点ものメダカラを主とする小型のタカラガイがみつかり、しかもそれらは未加工のものや加工後の残骸ばかりだった（図45、図55参照）。

　また、西広貝塚全体からみつかったこれらタカラガイの種構成は、南房総の海岸に打ち上がる貝類を無作為に拾い上げた状態に近いものだった（図46）。

　さらに、西広貝塚からみつかったタカラガイ・イモガイ類の貝殻の質をみると、必ずしも良好なものだけが選ばれているわけではないこともわかった。そこには、大型のものや状態の良いものだけを選ぼうという意図はあまり感じられない。

図46 ● 採集方法による貝類構成の相違
上：任意に拾う場合。小型の種が中心。
下：より大型の種を選択した場合。

図45 ● 小型のタカラガイ（メダカラ）の未加工貝と加工残骸

選択的な採集方法は、これらの貝が海岸に打ち上がる状況を日常的にみている集団にこそおきやすい。これに慣れていない人たちは、大量に打ち上げられる小さなタカラガイ類に目を奪われ、素材の善し悪しや、大きさを吟味する余裕もなく、ただやみくもに採集しがちなのである。

これらのことから判断すると、南房総の海特有のこれらの貝材を目当てに、西広ムラの人たちが片道およそ一〇〇キロの道のりをものともせずに、直接遠征した姿を想定できる。その行程は、海路か陸路かはっきりしないが、いずれにせよそれほど容易なものではなかったことだろう。目的の貝が打ち上がる「秘密の場所」は、西広ムラに住む古老から若者へと代々語り継がれていたのかもしれない。

そうして何年かに一度の遠征によって多量に採集された貝殻は、ムラにもち帰ってから製品へと加工された。貝層中からみつかったこれらの残骸は、完成品がほとんどムラの外へと運び出されてしまった

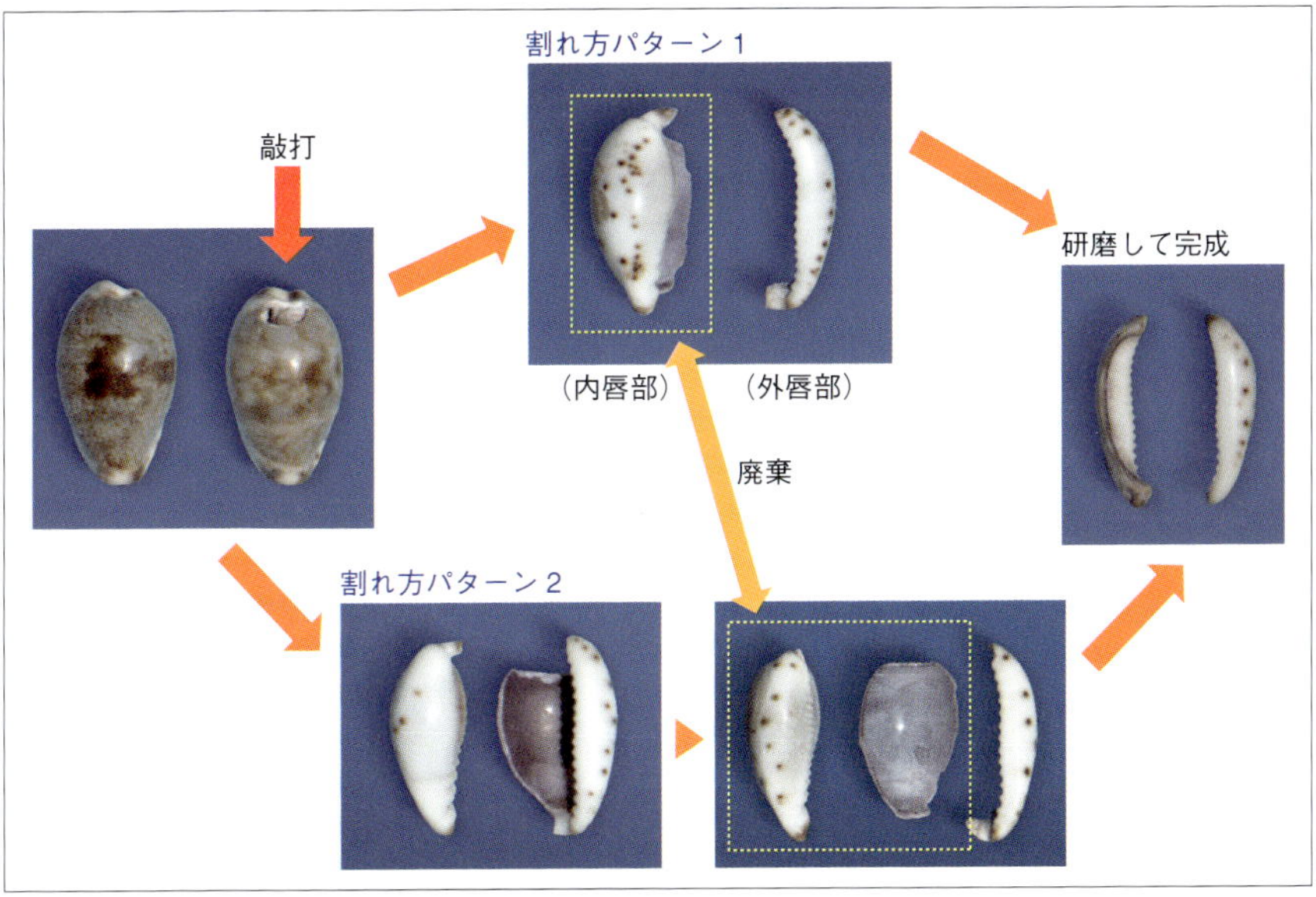

図47 ● 小型のタカラガイ加工品の製作工程復元
復元モデルとして用いたのは、メダカラ。殻のサイズは2cmほどで、日本列島ではもっとも広域に多量に生息する種である。

ことを示している。

図47には、遺物の残存状態から推定した、小型のタカラガイの加工工程を示した。目指すかたちは、タカラガイの外唇部《がいしんぶ》を切りとったもので、縄文人たちはなぜかこの部分に強いこだわりをもっていたようである。

小型のタカラガイ加工品の用途

残念ながら、遺跡から残骸が多量にみつかったこの小さなタカラガイ加工品の用途はまだわかっていない。後述する大きなタカラガイが、ペンダントなどに使うために加工されているのとは違って、こちらはそれをさらに二つに割ってしまい、紐などを結びつけるには適したかたちではない。あるいは、小さく割ること自体に意味があったのかもしれない。

あとで述べるように、西広貝塚からは、この形態に加工された一点のタカラガイが、土器内に納められた新生児の遺骸とともに出土している（図61参照）。たんなる装身具ではなく、「護符」（おまもり）的な意味があったのかもしれない。不幸にして、「生」を全うできなかった子を哀れんで、つぎには生きながらえられるようにとの祈りを込めたモノであったのだろうか。

北の大地へ運ばれる貝

最大殻長が七センチ前後にもなるホシキヌタは、当時もっとも珍重されたタカラガイの一つである。この種は伊豆諸島など島嶼部を除いた地域では最大の大きさになり、その視覚的イン

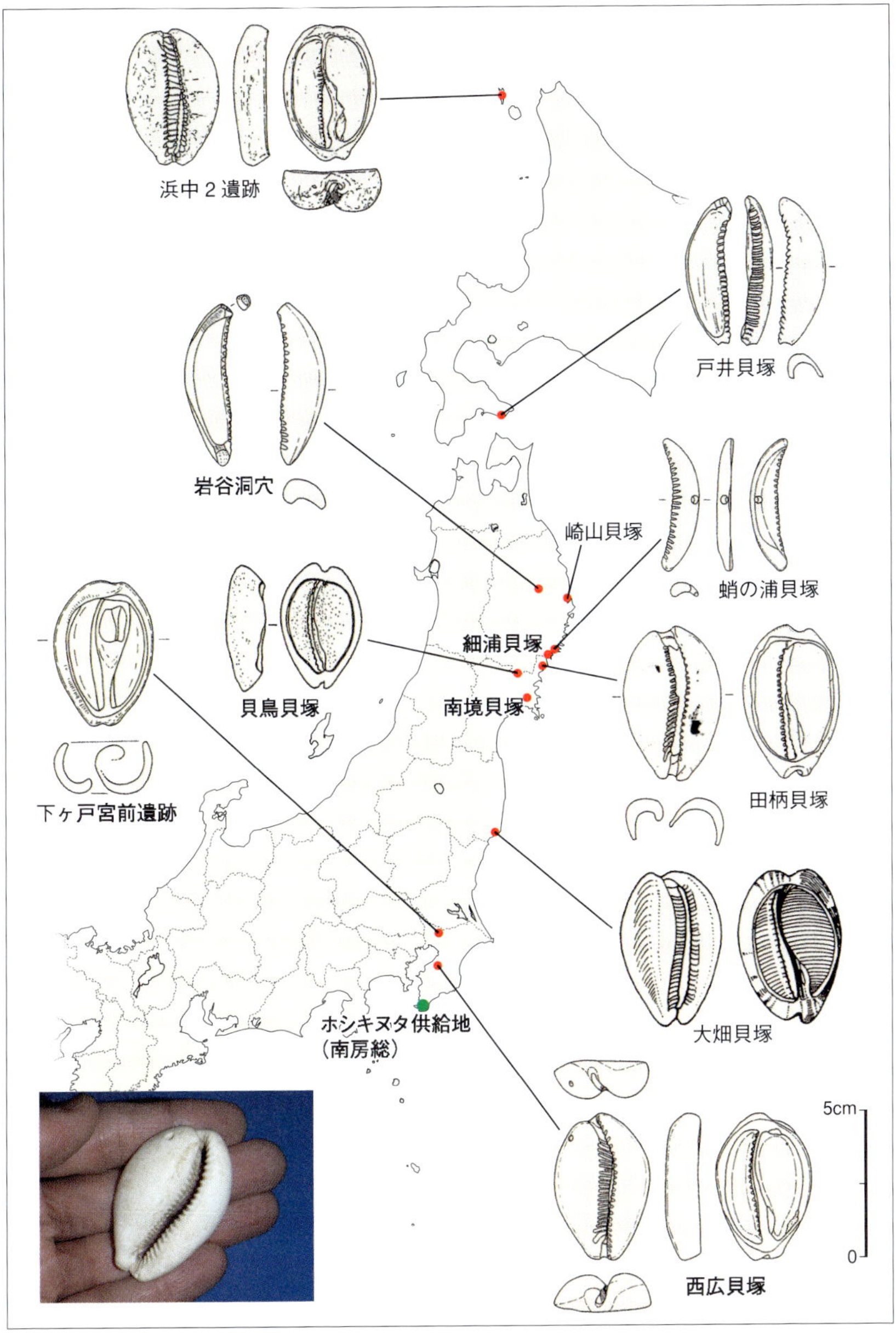

図 48 ● **大型のタカラガイ（ホシキヌタ）加工品の分布状況**
ホシキヌタの加工品には、その背面を排除した形態のものが多い。大きくあけた穴から殻口部へ紐を通してペンダントにしたのだろう（図 74 参照）。

パクトはかなりのものだったとみられる。

これを素材とした逸品が西広貝塚から一点出土している。この製品の殻長はおよそ五センチ、切断面は入念に研磨され、肉厚で重量感もある（図48写真）。同様の製品は、房総より北の太平洋側に位置する東北地方・北海道各地の遺跡から出土し、その北限は縄文後期前葉の段階ですでに北海道の最果て礼文島にも達している（図48）。南の暖かく穏やかな海をまったく知らない北の地へ行けば行くほど、この貝への需要は高まり珍重されたに違いない。

このほかにも南房総が生息の北限であるアマオブネガイ、フトコロガイ、マツムシガイなど小型の巻貝の殻の一端に穴をあけてペンダントなどに使ったものが西広貝塚からみつかっている。タカラガイやイモガイの場合と同じように、これらも東北・北海道の沿岸部の遺跡や内陸の洞窟遺跡からも出土してる。

房総の人びとにとって、海岸で多量に拾えるこれらの貝類は、ごくありふれたものだったかもしれない。しかし、これらが北の地にはないめずらしいものであると知ったとき、それらは貴重な資源として認識されるようになった。おそらくこれらの「貝材」は、黒曜石を筆頭にほか

図49●土器に納められてみつかったヒスイ大珠と貝製品
輪になっているのはアマオブネガイ加工品（70点以上ある、岩手県二戸市大向上平遺跡出土、縄文後期）。

の地域から入手するしかなかった貴重な石材などとの有力な交換財として威力を発揮したことだろう。場所によっては、ヒスイの大珠《たいしゅ》にも匹敵するほどの価値を生んだ可能性がある。

その証拠に、岩手県大向上平《おおむかいうわだいら》遺跡からは、小さな壺形の土器のなかから、二点の見事なヒスイの大珠とともに多量のアマオブネガイの加工品がみつかっている（図49）。この地域の人たちにとって、南房総の貝とヒスイは同等に扱われていたらしい。この貝の分布域も房総半島が北限であり、西広貝塚からは未加工と穿孔されたものがともにみつかっている（図50）。

中身か、貝殻か

かつて東京湾東岸にみられる大貝塚の膨大な貝の解釈として、むき身を「干し貝」などにして、内陸地の人びとのもつ石材などとの交換財としていたという説があった。こういうケースもあったろうが、実際のところは、房総半島の人びとにとって、交換財としては貝の中身より外側、すなわち貝殻のほうが重要であった可能性が高い。ただし、その貝殻は身近な食材であるハマグリやアサリではなかった。図42には、東日本におけるベンケイガイ・タカラガイ・イモガイのおもな現生打ち上げ貝集積地を示してある。南房総が、これらすべてを供給できる地理的に恵まれた場所であることがおわかりいただけるだろう。

図50 ● 西広貝塚出土のアマオブネガイ未加工貝と加工品
穴あけの位置には、殻の中央部（写真上）と殻頂部（写真下）とがある。アマオブネガイは、殻長2cmほどの巻貝で、現生貝では外面が白黒、内面が白、光沢があり殻も硬い（図74参照）。

漁具にみられる交流の証

ところで、西広貝塚の人びとによる貝殻採取目的の南房総への遠征の際、そこに生活する現地の人たちと何らかの接触があったらしいことが、出土した漁具からもうかがうことができる。西広貝塚から、完全なかたちの組合せ式刺突具やノの字状刺突具がみつかっている。いずれも東京湾内湾域ではきわめてめずらしいものである（図51）。

これらはマグロやカツオなど外洋を回遊する大型の魚やイルカなど海棲哺乳類を捕獲するためのもので、湾口部や外洋域で威力を発揮する道具である。館山市の鉈切《なたぎり》洞窟やその対岸の横浜市の称名寺《しょうみょうじ》貝塚などに良好な資料がある。しかし、市原近隣の内湾の海には不向きな道具である。なかなか活躍する場面がなかったとみえ、西広貝塚出土のものは使用された痕跡もなく無傷である。これらの漁具は、貝殻をえるために時折訪れる南房総の海で、そこに住む民との交流と友好の印として譲り受けたものかもしれないのである。

図 51 ● 東京湾湾口部や外洋域貝塚に特徴的な漁具
左：組合せ式刺突具、中：ノの字状刺突具。ともに刺した獲物を逃がさないための「かえし」構造をもった道具である。右：単式釣り針。その形態は東京湾湾口部や南房総の遺跡出土資料と類似するといわれている。

第4章　大貝塚をもつムラの謎

1　西広ムラのはじまりと終わり

西広貝塚では、計七次にわたる発掘調査の末、環状をした貝塚の貝層範囲のほぼすべてと、これらをつくった集落本体の大部分が発掘された（図9参照）。集落の中心に位置するいわゆる中央広場にあたる箇所については、残念ながら部分的な調査に止められたことが悔やまれるが、それでもその性格を示す遺構・遺物が多量にみつかった。

これらの調査事例は、東京湾東岸地域における縄文後晩期の大規模貝塚の構造がどのようになっていたのかを示すものとして貴重である。

集落のはじまり

では、西広貝塚集落の構造を、その変遷をたどりながら概観していこう。まず、西広貝塚にはじめて集落ができるのは縄文中期末～後期初頭のことである（図53①）。土器編年では加曽利EⅣ式から称名寺式の時期にあたる。

数軒の竪穴住居跡が西側斜面部、東側と南側平坦面に点々と分布している。西側斜面では、貝層の基底面にこれらの時期の遺物包含層が広く分布し、その上部に貝の密度のあまり高くない薄い貝層が形成されている。東側平坦面では、これらの時期の貝層は、この後の時期の住居跡の間隙をぬって小規模なものがわずかに発見されたにすぎない。北側と南側の平坦面にも遺構外にいくつかの地点貝層がみつかっているが、ごく限られたものである。

図52 ● 貝層下からみつかった竪穴住居跡
遺跡の西側と南側では、斜面部にも住居跡がみつかっている。

環状貝塚と集落の形成

後期前葉に西広貝塚は集落の第一盛期を迎える（図53②）。土器編年では堀之内1・2式の時期にあたる。

住居跡は西側斜面部、南側斜面部、そして東側と南側平坦部に大きく展開し、二〇軒弱がみつかっている。これにともなう貝層は西側斜面部の北部と南部に分かれ広域に分布し、さらに東側平坦面、そして北側、南側の平坦面に広くそして厚く堆積する。貝層は竪穴住居などの遺

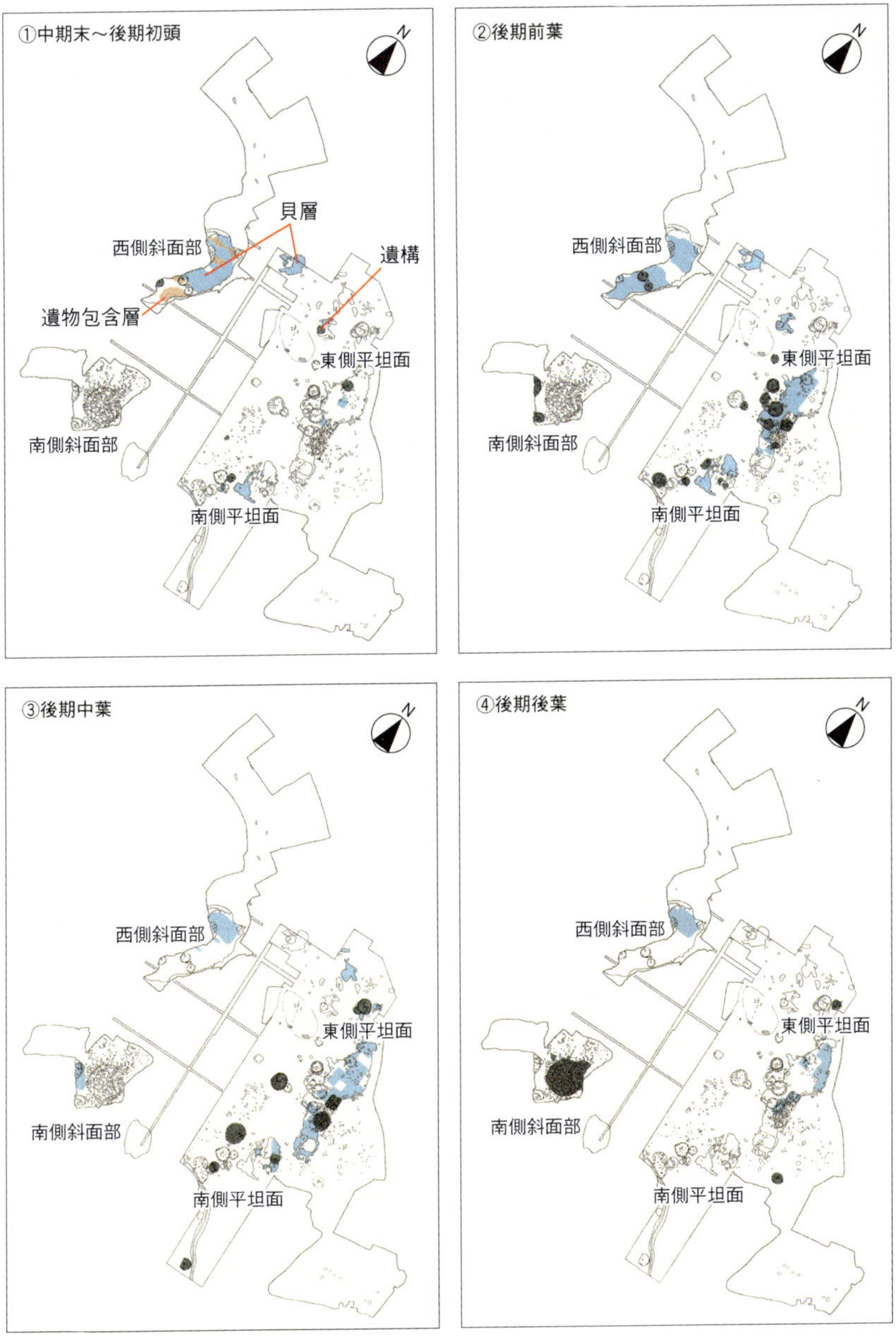

図 53 ● 西広貝塚の貝塚と集落の変遷
直径 150 m・厚さ最大 2 mにおよぶ環状貝塚と集落は、およそ 1000 年の歳月をかけて形成された。各時期の貝層（青色）と集落（住居跡、緑色）の配置に注目してほしい。

構内はもとより斜面や遺構外の平坦面にも展開した。斜面部では一メートルを優に超えるほどのボリュームをもったものである。いわゆる環状貝塚と集落の形態が形成された時期である。

環状集落の維持

後期中葉になると、西広貝塚は集落の第二盛期を迎える（図53③）。土器編年では加曽利B式の時期にあたる。住居跡は、東側の平坦部、そして南側平坦部へも展開している。ただしその数は実数では一〇軒に満たない。

貝層は西側斜面の北側、南側斜面部、そして東側平坦面で、とくに遺構外に分布する。また、北側と南側平坦面にも小規模ながら遺構外の貝層が展開している。西側斜面部ではかなり厚く堆積する箇所もあり、破砕貝層（意図的に細かく砕かれた貝の層）など特徴的なものも残している。東側平坦面では一カ所での貝層の厚さはどれも五〇センチに満たないものであるが、その分布範囲は非常に広い。西側での集落展開が不明であるが、貝層の分布状態からみれば環状の集落形態はなお維持されていた可能性が高い。

集落形態が大きく崩れる

後期後葉になると、西広貝塚は集落の衰退期となる（図53④）。土器編年では曽谷式と安行式の時期にあたる。この時期の明確な遺構は、南側平坦部における第二次調査範囲でみつかった大規模な住居跡とその付近からみつかった小竪穴群くらいで、あとは東側平坦部で二軒ほどの住居跡がみつかっているにすぎない。

貝層は西側斜面部で後期中葉とほぼ同じ箇所から、東側平坦面で後期中葉より規模をかなり縮小した範囲でみつかっている。西側斜面部では比較的厚く堆積しているところもあったが、東側平坦面では遺構外に厚さ五〇センチに満たない貝層が形成されている程度である。後期中葉まで続いた集落形態が大きく崩れる時期である。

集落の終焉

晩期前葉から中葉になると、西広貝塚における集落は終焉を迎える（図54）。土器編年では安行3a～3dと前浦《まえうら》式の時期にあたる。この時期に相当する明確な遺構はほとんどみつかっていない。第一次調査で発見された集落の中央に位置する晩期遺物包含地点の焼土やピットを住居跡のものとみなせば、これが唯一の遺構となる。貝層は西側斜面の北端において晩期初頭のものが形成され、その後その外側をとりまくように、晩期前葉から中葉に溝状の遺構内に落ち込むようなかたちの貝層が形成される。

また、これらの貝層の上部や下部には貝

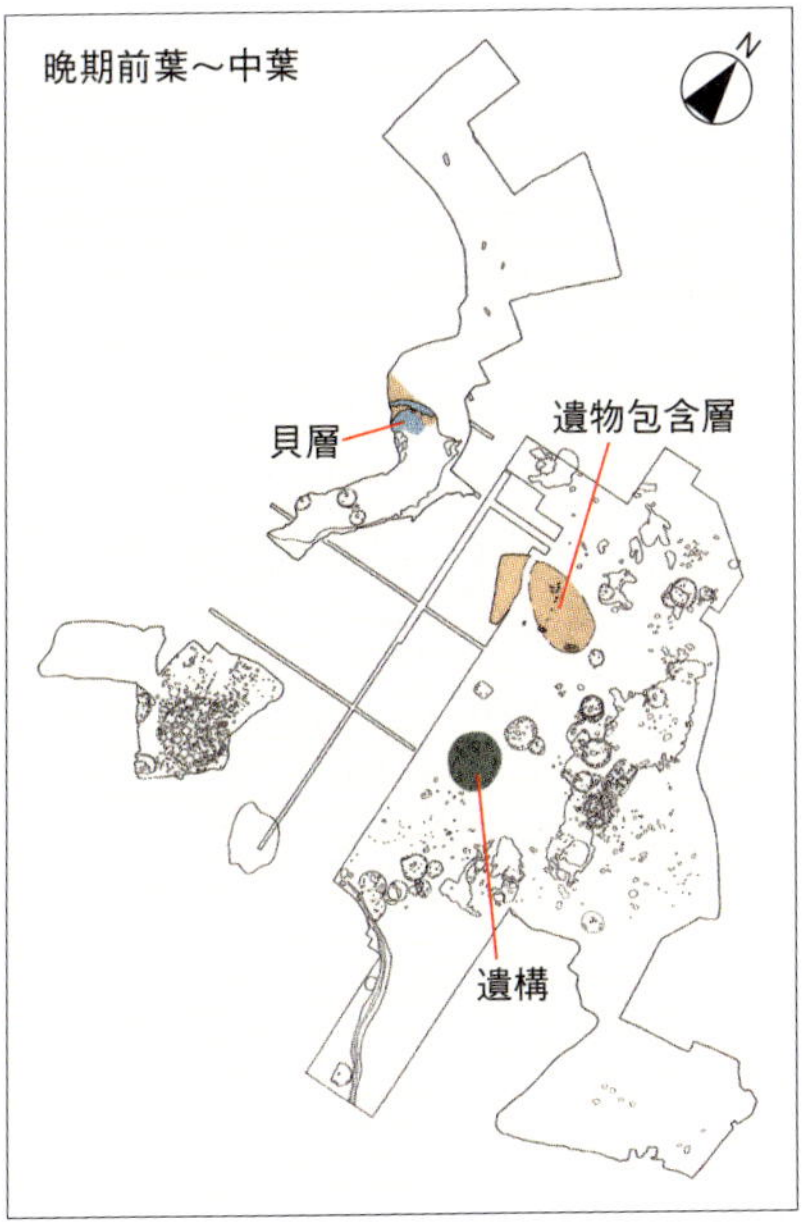

図54 ● 西広ムラの終わり
晩期なると、多量の遺物がみつかる場所や小規模な貝塚が部分的にあるものの、住居跡などの遺構はほとんどみられなくなる。西広貝塚は縄文晩期中ごろに終焉を迎える。

をともなわない遺物包含層も形成され、土器・石器とともに多量の獣骨類が捨てられていた。同様の状況は、第一次調査の晩期遺物包含地点でもみられた（図58参照）。また、この北側で検出されたSN五六一と呼称された箇所でも多量の遺物が検出され、なかでも土偶や石棒など多量の祭祀用具の発見は、いわゆる中央広場の性格を考えるうえで非常に示唆的な事例となった（図56参照）。

祭祀関係の遺物については、その後の分析で、西側斜面貝層北端の遺物包含層中にもかなりまとまって出土する状況が明らかとなっている。このように西広貝塚ではその集落終焉段階において、多量の祭祀用具や獣骨の集中投棄というきわめて特殊な痕跡を残して幕を閉じている。

2　まつりの遺物、まつりの行為

生活の道具、まつりの道具が集中してみつかる場所

西広貝塚では、遺物の種類によって、多く出る場所と少ない場所がある。つまり、貝塚のすべての場所からいろいろなものが同じように出土しているわけではない。骨角貝製品や剥片石器などは、西側斜面貝層中から（図55）、かたちのそろった土器類は東側平坦面貝層中から集中的にみつかった（図17参照）。モノの種類による捨て場所の違いを考える必要がある。

第一次調査では、遺跡の特定の場所から土偶が多量にみつかった。土偶・石棒などは、中央広場と西側斜面貝層の北端に集中していた（図56）。それらは、顔・胴体・腕・脚などみなバ

ラバラで、どれ一つ五体満足なものはなかった（図57）が、逆に土偶の使われ方を示す重要な証拠となった。また、これらのなかには、数十メートルも離れた場所から一個体のものがバラバラになってみつかるものがあることもわかった。「まつり」後の行為を読みとることができる貴重な事例となった。ほかにも、土版、有孔円板、石棒など、縄文時代のまつりの道具として知られる遺物が数多く出土し、さらにある場所ではシカやイノシシなどおびただしい量の獣骨が「骨塚」とよばれるほどまとまって出土した（図58）。

これらは、ムラの中央広場の存在と、ここが当時のムラにおいて何らかのまつりをおこなう重要な意味をもった場所であったことを私たちに教えてくれる。

晩期貝塚とたくさんの獣骨、石器類

西側斜面貝層の北端からみつかった、関東地方ではめずらしい縄文晩期前葉から中葉の時期の貝層（図59）は、その南側に位置する縄文後期を主体とする分厚い斜面貝層とは直接には重ならず、あたかもそれを意識するように、隣接して形成されている。規模も厚さもこれらと比較するとかなり小さいが、この貝層中および上部の土層中にはおびただしい量の獣骨が含まれ、第一次調査の際に発見された骨塚にも匹敵するような状況であった。また、石鏃など石器類も多量に出土し、この時期の活発な狩猟活動の様子を知ることができる。

この貝塚の主体となるハマグリは後期のものにくらべてかなり大きく、縄文後期から晩期への移行とともに、ムラ周辺の環境や生活のしかたが大きく変わってきていることを推定させる。

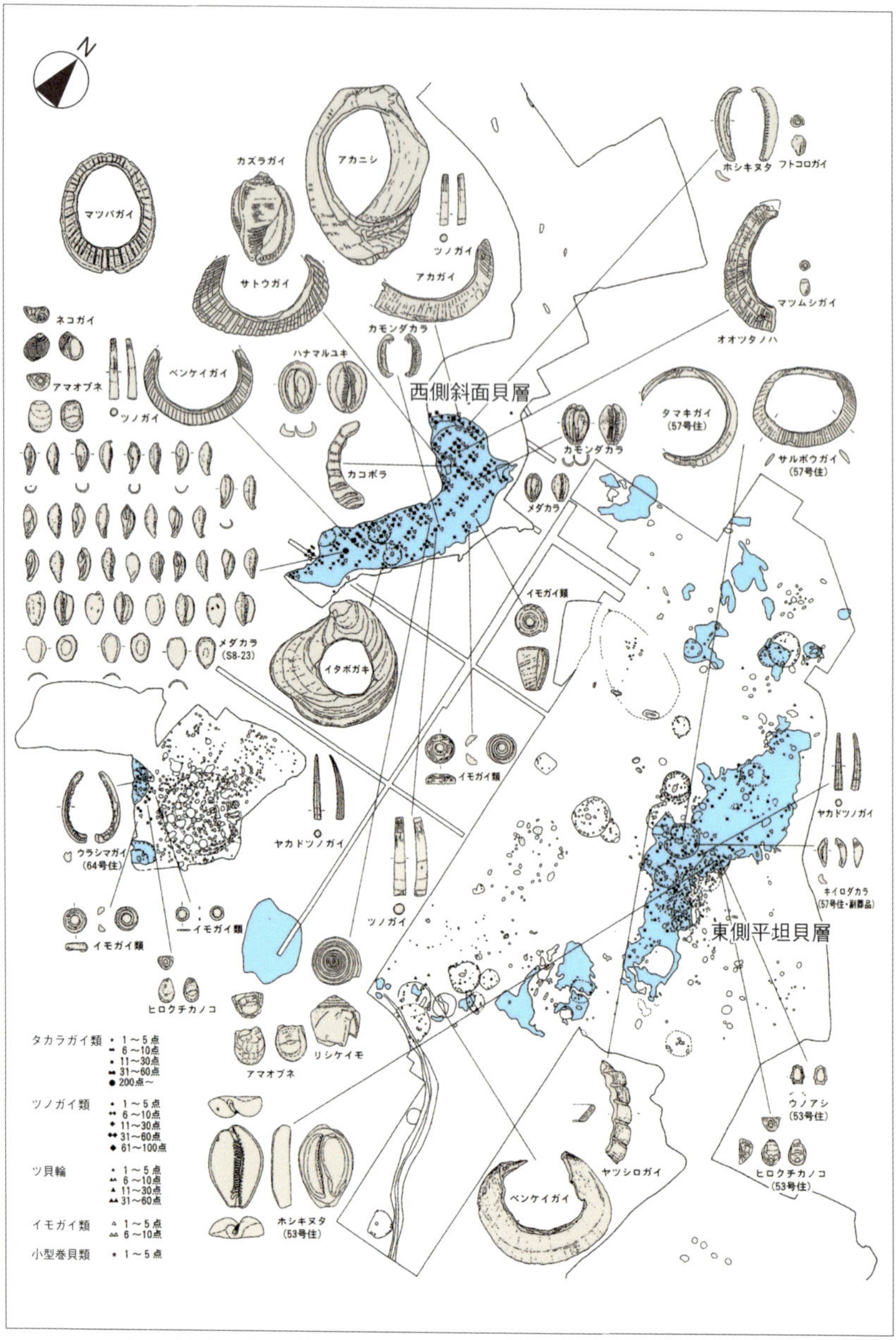

図 55 ● 貝装身具の出土のしかた

貝製装身具類は西側斜面貝層から集中してみつかっている。分布密度は貝層の形成時期や東側平坦面貝層との貝層総量を勘案しても遙かに西側のほうが高い。

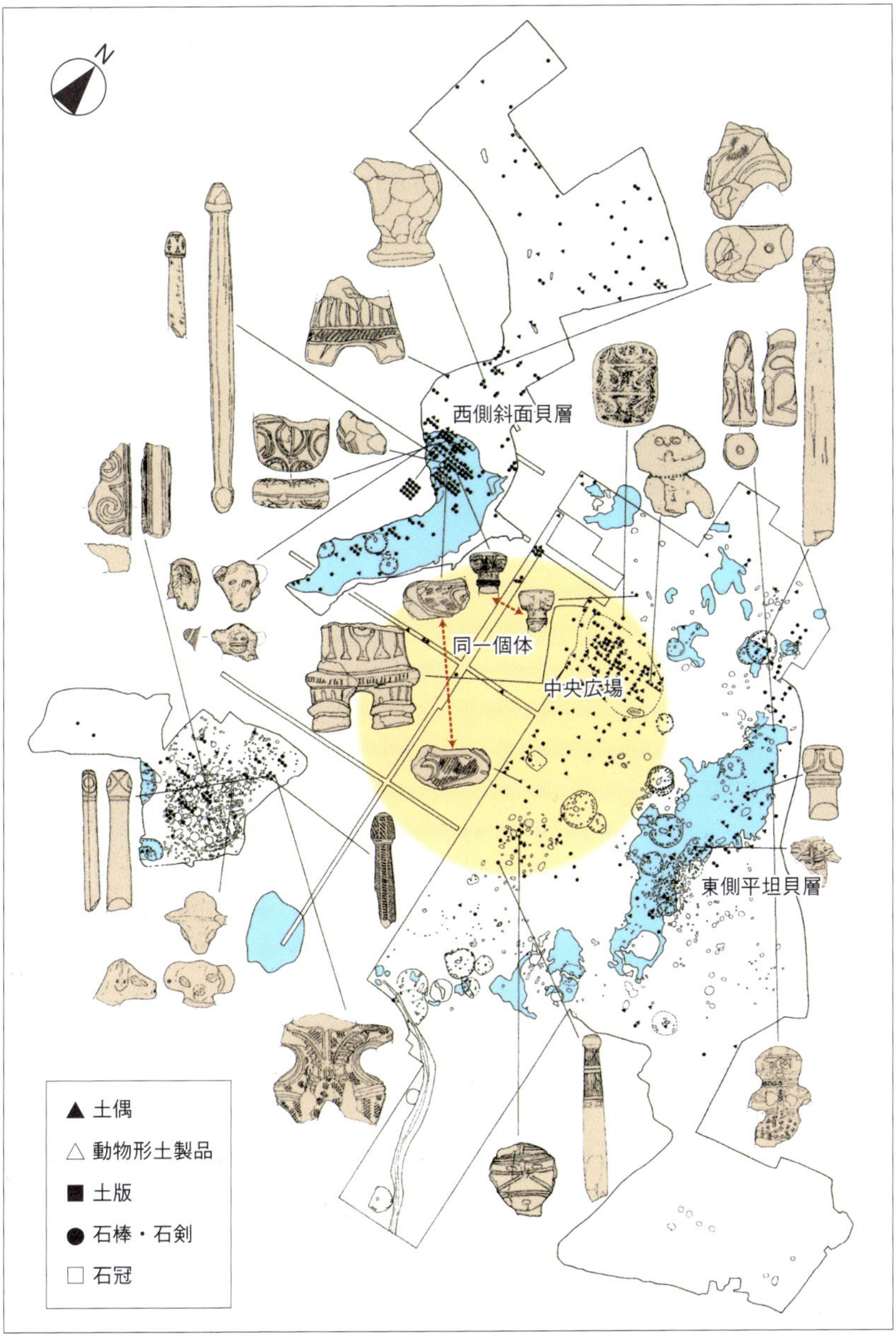

図56 ● 土製・石製の「まつり」の道具の出土のしかた
土偶・土版・石棒などのいわゆる「まつりの道具」は、ムラの中央広場にあたる場所や西側斜面貝層の端部などからまとまってみつかっている。

図 57 ● **発見当時、日本一の出土数を記録した 140 点の土偶**
その後、この数を大幅に上回る遺跡が増えたが、遺跡内のどの場所からどのような状態でどのくらい土偶がみつかるのかがわかる事例は少ない。西広貝塚の土偶のなかで、同一個体とみられるものは 1 例あった。

図 58 ● **晩期の遺物包含層中からみつかった獣骨類**
「骨塚」と称するほど、シカ・イノシシなどの骨が多量に検出された。

図 59 ● **晩期貝層の調査風景**
後期の貝層にくらべると厚さ 50cm ほどと規模は小さかったが、
遺物量は多く、内容が複雑なために調査は難航した

図 60 ● **不思議な住居跡**
画面右側が出入口部。外側に貯蔵施設とみられる大型の深い穴が掘られている。この部分を含めた長軸は約 10m、短軸は 7m と西広貝塚の同時期（堀之内１式）の住居跡ではもっとも大きい。

不思議な住居跡

不思議な住居跡もみつかった（図60）。ここでは、入口奥に掘られた穴の中に横倒しの状態で土器が入れられ、そのなかに新生児の骨が収められていた。副葬品とみられる小さなタカラガイを加工したものもみつかった。さらに住居の床面付近からは、意図的に表面を赤彩した貝殻が多数みつかり、炉の脇にはイノシシの頭蓋骨がおかれていた（図61）。

周辺の同時期のものとくらべるとやや大型の住居であった。場所的にもムラの中心部に近く、ムラの中核的な役割をもつものだったのかもしれない。この建物の周囲に人骨が集中してみつかっていることも示唆的であり（図70参照）、ヒトの死に際してなんらかの

図 61 ●住居跡からみつかった遺物
左上：土器内に埋葬された幼児（新生児）。右上：幼児骨とともにみつかったタカラガイ加工品。左下：貝殻の内外面に赤色顔料を塗った貝（ハマグリ・オオノガイ・バカガイ・シオフキ）。右下：住居跡中央、床面からみつかった雄のイノシシ頭蓋骨。

祭祀がおこなわれた痕跡が残されたものと解釈される。

このように、同じ貝塚でも、モノの出方・捨て方に違いがあるらしいことがわかり、それぞれの場所に意味づけがされていた可能性が高い。したがって、貝塚の一部だけをどんなにくわしく調べても、その全体像を復元することは困難といわざるをえない。西広貝塚の長期間にわたる調査は、貝塚のもつ情報量と複雑な構造をあらためて私たちに示しているといえる。

3　石器、土器はどこから

各地からやって来た石器石材

私たちは、西広貝塚から出土した石器類について、肉眼鑑定による石材分析をおこなった。その目的は、石器に使われた材料である石の種類と、そのおよその供給先を明らかにしようというものである。さきにも触れたように千葉県には良好な石材を供給できるところがあまりなく、房総を生活の拠点とした縄文人たちは、生活必需品であるさまざまな石器の材料のほとんどすべてを他の地域から入手していたことになる。その場所をつきとめれば、当時の交易の姿が明らかとなるのである。

西広貝塚の石器石材の分析によって、房総半島には、南東北・北関東・信州・伊豆・伊豆諸島など、じつに広範な地域の石材がもたらされていることが明らかになった。また、チャートや蛇紋岩など一部の石材については、ある時期、南房総のごく限られた地域から産出されるものを利用していることもわかってきた。こうして、遠隔地との石器石材をめぐる活発なやりとりの姿がみえてきたのである。

さらに、池谷信之氏（沼津市文化財センター）の協力をえて、黒曜石の産地分析をおこなった。西広貝塚からは時期の明らかな貝層中から多量の黒曜石がみつかっており、従来、後期もしくは後〜晩期などとして帰属時期があいまいな資料が多かったなかで、土器型式ごとの様相をとらえることが可能なものとして非常に注目された。分析対象となった試料は、石器類一四七点、剥片類四四一点の計五八八点である。分析の結果、大きな流れとしては、後期前葉の神津島恩馳《おんばせ》産と諏訪星《ほし》ケ台《がだい》産から、後期後葉〜晩期にかけて諏訪星ケ台産と栃木の高原《たかはら》山甘湯沢《やまあまゆざわ》産へと変化していることがわかった。今後、同時期また異時期の近隣遺跡のデータと比較し、さらに検討していくつもりである。

搬入土器

西広貝塚からみつかった多量の土器のなかには、どうも在地のものではなさそうな土器もいくつか出土している。当時の土器づくりは「ハンドメイド」、すなわち各ムラで各々自由につくる形態であったろうから、そこにみられる形態や模様の付け方はさまざまで、二つとし

図62 ●他所からもち込まれたであろう土器
土器のかたち、文様構成など、遺跡付近には類例がまったくない。
全国的視点で探すと九州の阿高式土器に類似しているといわれる。

てまったく同じものはない。しかし、そのなかにはある程度の規範や決まりごとがあって、それを大きく逸脱するような土器はあまりつくられていない。

そこで、その時期のある地域に通常みられる大多数の土器とは明らかに異質な特徴をもった土器がみつかったとき、これらを「搬入品」とよんで区別している。つまり、なんらかの経緯のもとに、土器自体がどこか別の地域からもたらされたか、あるいは密接な交流の証しとして他地域に特徴的な土器を真似てつくられたものと解釈するのである。土器の見てくれの「かたち」だけでなく、土器をつくるのに使われた粘土（胎土《たいど》という）などを科学的に分析することによって、これらは実証されることになる。

西広貝塚からは遠く九州地方に特徴的な土器（図62）が、近くの祇園原貝塚からは東北地方に特徴的な土器がみつかっている。現状では、土器の見てくれや胎土の様子だけからの見解であるが、近い将来科学的な胎土分析などをおこなうことによって、その真意も明らかになろう。

4　南の島からやってきた貝

不思議な貝輪

西広貝塚からは、オオツタノハとよばれる貝の腕輪が一五点出土している（図63）。この数は、これまでに一つの遺跡からみつかったものとしては最多である。

オオツタノハは、伊豆諸島南部のごく限られた場所にしか生息しないたいへんめずらしい貝であるにもかかわらず、太平洋側を中心に東日本各地の遺跡から点々とみつかり、その分布は遠く北海道にも達している（図65）。

ただし通常は、一つの遺跡からせいぜい一、二点ほどしか出土しないことから、当時非常に珍重されていたものとみることができる。その一方では、千葉や茨城の遺跡で、これらが土器などに収められたかたちでまとまってみつかる事例が知られ（図64）、物資の供給・運搬・流通のしかたを考えるヒントを与えてくれている。

謎多き貝「オオツタノハ」を求めて

オオツタノハは、どこで、どのように生息しているのか。これは考古学のみならず生物学的にもくわしくわかっていない謎だった。市販されている貝類図鑑によれば、その分布は大隅諸島とトカラ列島および伊豆諸島南部の鳥島のみとされている（図67参照）。

日本列島の東西のごく限られた場所にしかいないと

図63 ●西広貝塚からみつかったオオツタノハ製貝輪

され、しかも波当たりの激しい岩礁地帯の潮間帯中部から下部に生息するという。したがって、容易に発見できない生物ゆえ、研究も進んでいないのが現状である。

私は、はじめて参加した西広貝塚の発掘調査でこの貝でつくられた腕輪に出会って以来、非常に貴重な貝であるということが気になり、その実態を確かめたいとずっと思いつづけてきた。

「どこから、誰が、どうやって」この貝をみつけ、どのように西広貝塚まで運んだのか。そして、なぜこれほど広域に分布するようになったのか。この貝を、自分の目でみつけ、それを捕らえることが体験できれば、貴重な貝の実態がいかなるものかがわかり、この貝をめぐる当時の人びとの交流の実態もみえてくるに違いないと考えた。

伊豆大島、新島、八丈島、三宅島、御蔵島と、考古資料の調査、そして海岸部での現生貝調査を毎年のようにほぼ単独で続けていった（図66）。

図64 ● 千葉県船橋市古作（こさく）貝塚出土の蓋付土器となかに入っていた貝輪
2個の土器のなかに、ベンケイガイ製21点・サトウガイ製21点とともに、9点のオオツタノハ製貝輪が入っていた。同様に一カ所からまとまってみつかる事例は、これを含め千葉・茨城で4例知られている（堀越知道氏撮影）。

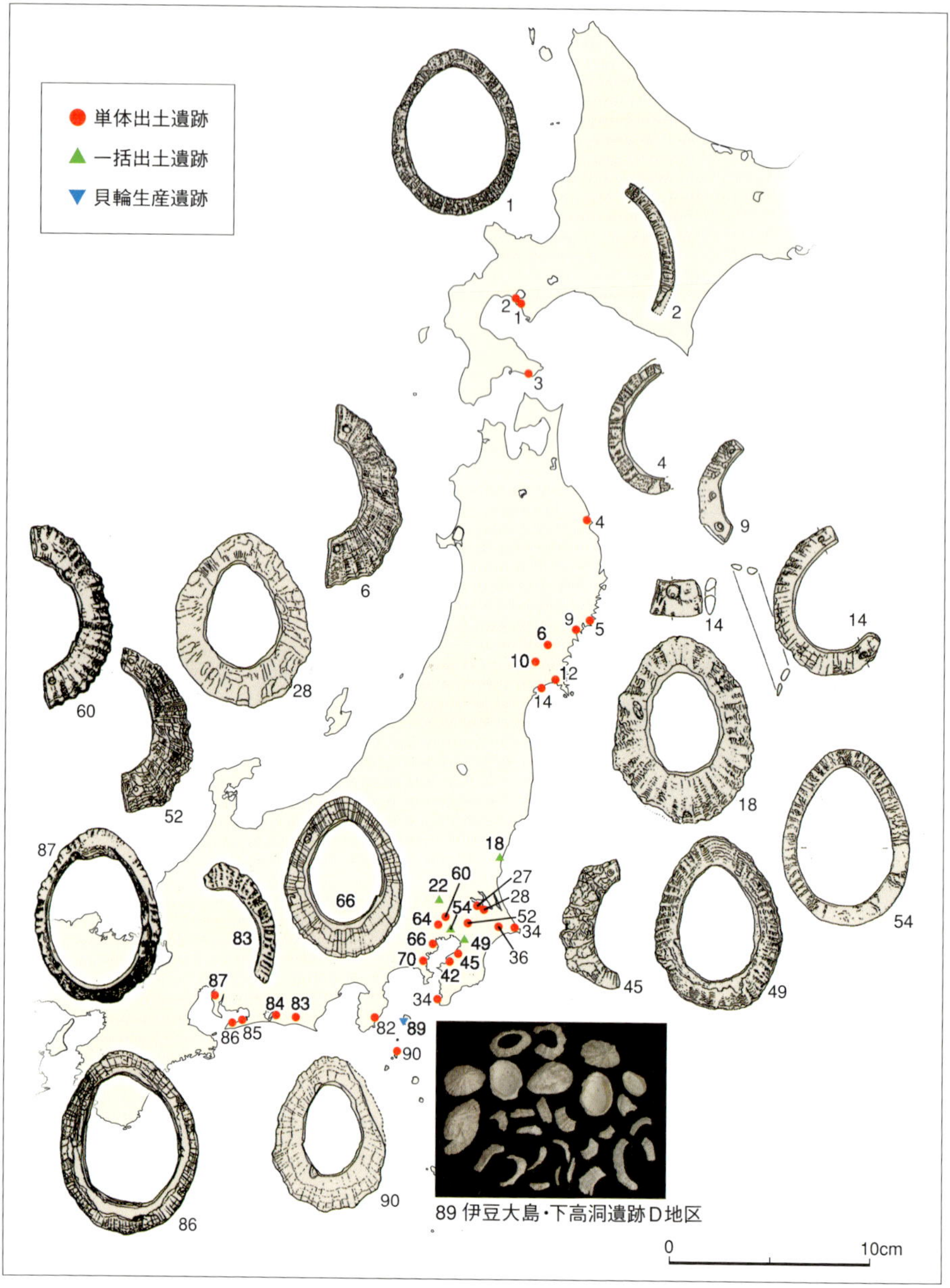

図 65 ● **東日本におけるオオツタノハ製貝輪の分布**
写真は、縄文時代に唯一オオツタノハの加工残骸がみつかっている伊豆大島の下高洞（しもたかぼら）遺跡のもの。

「波当たりの激しい岩礁地帯の」というたった一行ですまされる説明。しかしその実態は、想像を絶するものだった。かつて趣味にしていたスキューバダイビングによって、南房総の荒波や沖の速い潮の流れはいく度となく体験していた私も、黒潮が直撃する伊豆諸島の磯に立ち向かってはじめて、それが異次元のものであるのを実感することになる。

オオツタノハの生息場所は、「潮間帯中部から下部」というから、大潮の干潮時にようやく顔を除かせるレベルということになる。したがって毎年の調査は、一年のうちでもっとも潮が大きくひき水温も高まる時期である五～七月にほぼ限られてくる。最干潮時の前後二時間程度が勝

オオツタノハが生息する岩礁に挑む著者（八丈島・石積ヶ鼻東方の海岸）

八丈島で捕獲した現生貝

三宅島で生息が確認された大野原島（三本岳）。本島の西8kmの沖合いにある無人島

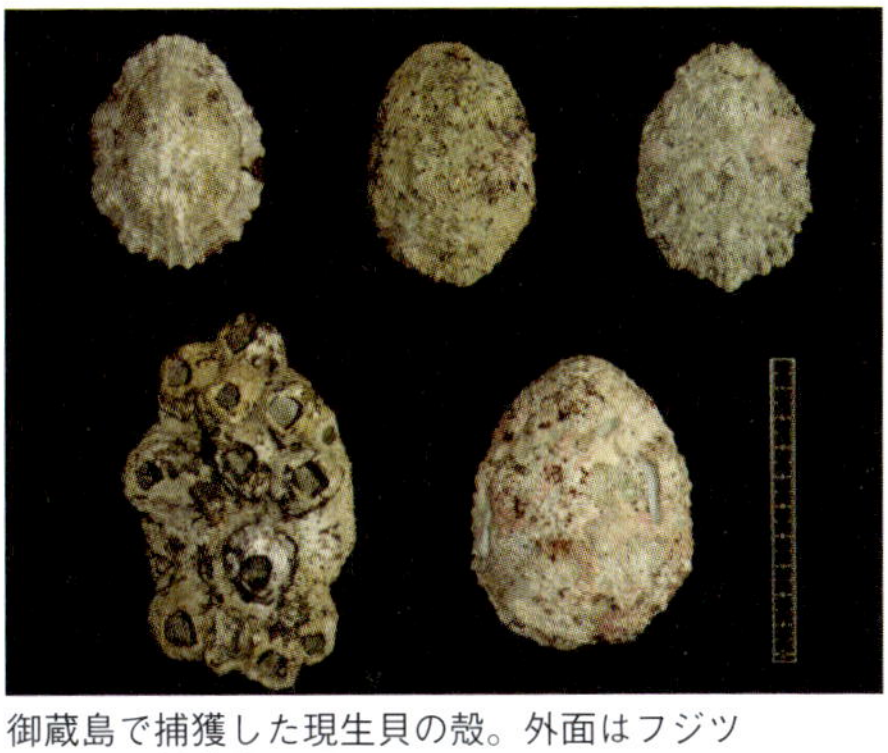

御蔵島で捕獲した現生貝の殻。外面はフジツボなどの付着物で覆われている

図66 ● オオツタノハ現生貝の調査

負である。波静かな内湾では、この時期は潮干狩りのベストシーズンであり、多くの人びとがアサリ採りなどに精を出す。岩礁地帯でも、海藻やカメノテ、小さなカサガイ類を採る人たちが繰り出す時期だが、これらは潮間帯の上部を狙っての作業となる。この領域は、干潮時間であれば波をかぶることもあまりないので、作業は比較的容易におこなえる。

しかし、オオツタノハが生息する領域は、それよりずっと下、ずっと沖よりで、干潮時といってもひいた潮は絶えず岩礁を打ちつけ続けるのである。海に慣れた島の人たちでさえ、この領域にはほとんど足を踏み入れない。足場の確保もままならぬ磯で、繰り返し押し寄せる荒波に打ちつけられながら、貝を探す作業を続けなければならないからである。しかも、この貝の表面には海藻やフジツボ類などがびっしりと覆い、完全にまわりの環境に溶け込んでしまっている。数時間粘っても、全身ずぶ濡れになっただけ、体中の至るところを容赦なく岩にたたきつけられ傷だらけになったという日が何度続いたろうか。

しかし、地元の人たちでさえみたこともない貝を、調査開始から八年目の二〇〇七年、ついに八丈島で発見し「捕獲」した。そしてその翌年の二〇〇八年には三宅島で、二〇〇九年には御蔵島で複数個体の捕獲にも成功し、その生息頻度をおよそ把握できるまでになった。

貝輪のもっている意味や価値感を共有

ついに足かけ一〇年の調査によって、オオツタノハの生息北限は、従来考えられていた「北緯30度付近」にあるのではなく、東日本では四〇〇キロほど北上することがわかった。この貝に関する考古学上の重要課題であった貝輪素材の供給先が、三宅島と御蔵島近海であった可能性がきわめて高いことがわかったのである（図67）。さらにこの現生貝調査によって、貝の捕獲方法や貝輪製作方法、貝輪生産体制など、考古資料からだけではわかりえなかった点についても推定することができるようになった。

「貴重な貝」。この言葉の背後にある本当の意味は、生きた貝の捕獲体験によってようやく理解することができた。縄文人は、この貝を手に入れるための「背景」を含め、一つの貝輪のもっている意味や価値感を共有し、お互いにこの貴重品を持ち合うことで近隣のムラとの結束力を強めていたとみられるのである。

そして、これら石器や土器、南海産の貝にみられる諸事象は、西広貝塚が、さまざまな物資が集まりまた拡散していく「拠点的なムラ」の一つであった可能性を強く示唆させるのである。

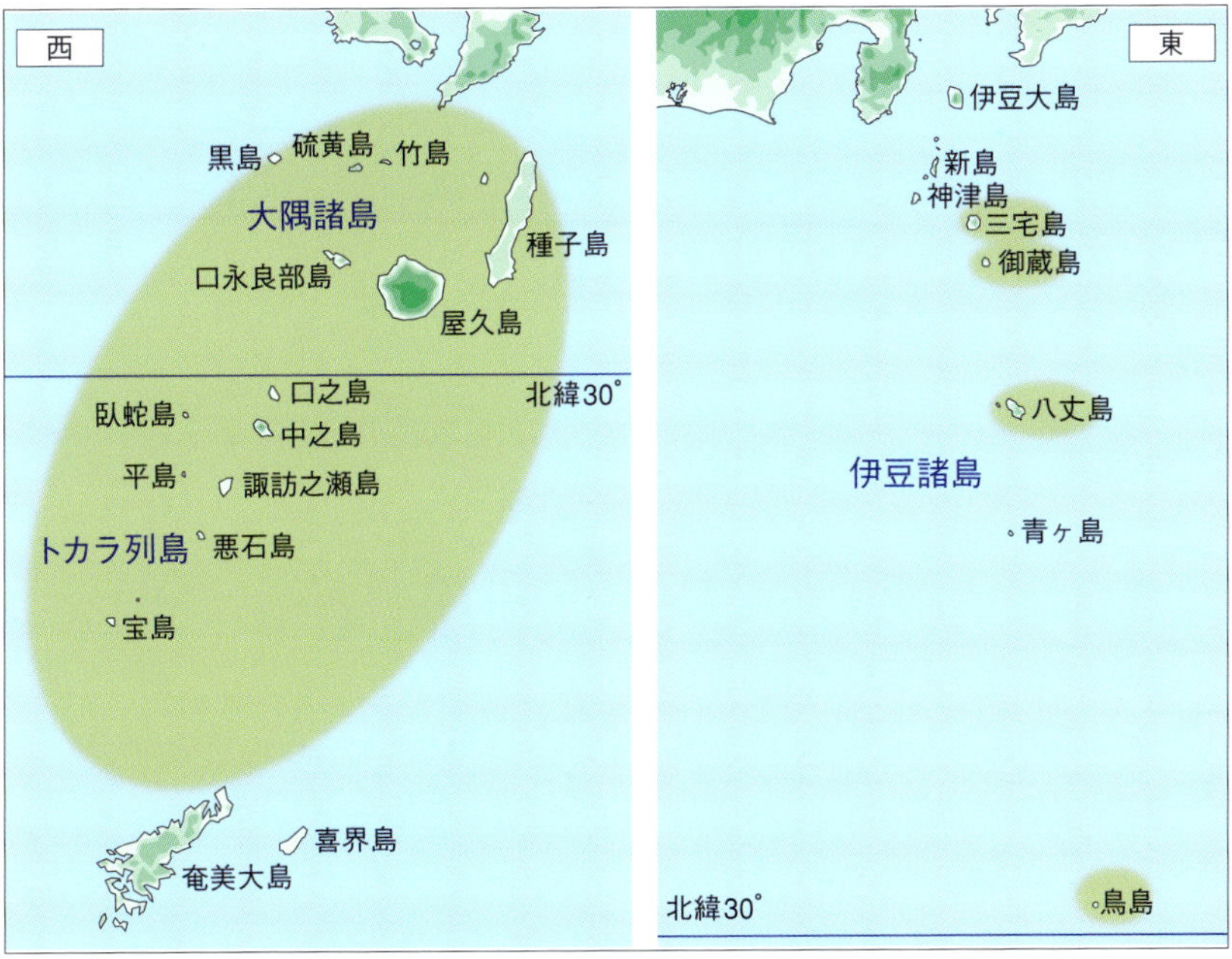

図67 ● 日本列島における現生オオツタノハの分布
著者による近年の現生貝調査により、西では種子島、東では八丈島・御蔵島・三宅島に生息することが新たに明らかになった。

5　人骨は語る

ムラの人員構成

西広貝塚からは、第一次調査と第七次調査の際に、合計七二体の人骨がみつかっている。人骨は、貝層中や貝層下から発見され、貝層の密度が高いところほど遺存状態がよく、なかには三〇〇〇年もの歳月を経ているとは思えないほど良好な状態のものもある（図68）。

これらは、ムラの人たちが死後に貝塚の一画に埋葬されたもので、貝塚という空間が、居住地やモノの捨て場所のほかに、墓域としても機能していたことを物語っている。

遺跡を残した縄文人の骨は、私たちに彼らの暮らしぶりの一端を教えてくれる。人の骨を調べる学問に人類学があるが、骨の形質を調査することによって、骨の持ち主の体格、性別、年齢、病歴などを知ることができる。

人骨の分析によると、西広ムラの構成員は、男女別では、女性がやや多く、また新生児や乳幼児も多くみられる。男女ともに高齢と認められる個体が少ないことは、当時の平均寿命が短かったことのあらわれである。

いろいろな埋葬の仕方と骨にみられる病気の跡

人骨には病理状態などがあらわれるものもある。もっともポピュラーなのは、歯冠部（エナメル質部）にみられる虫歯の痕跡で、さらに歯根部側面に穴のあく歯周病にかかったものも多く認められる。また虫歯ではないものの、臼歯や切歯の上面が著しくすり減ったものがたいへん多いのも特徴である。歯は食生活を写す鏡でもあるから、現代人とは異なるその状態から彼らの暮らしぶりを垣間見ることができる。

縄文人の歯には、治療のためではなく意図的に抜いた痕跡をみることができる。いわゆる「抜歯」の習慣で、人生の通過儀礼や婚姻の証しにおこなわれたといわれている。

人骨の埋葬の仕方には、手足を伸ばした伸展葬や意図的に折り曲げた屈葬、さらに土器などを意図的に体の一部に被せたもの、骨を移動させまとめ直したもの、さらに単体ではなく複数の遺体を一カ所にまとめて合葬したものなどがみられる。これらも習俗的なものとされている。

このほか、骨には変形性脊椎症・変形性膝関節症、踝《くるぶし》の骨にみられるいわゆる蹲踞《そんきょ》面など、当時の労働状況に関係する疾患や骨変形、さらに高齢からくる骨多孔症などが多く認められている。以上は、いずれも西広貝塚や祇園原貝塚からみつかった一〇〇体におよぶ人骨群に認められた痕跡からわかったことである。

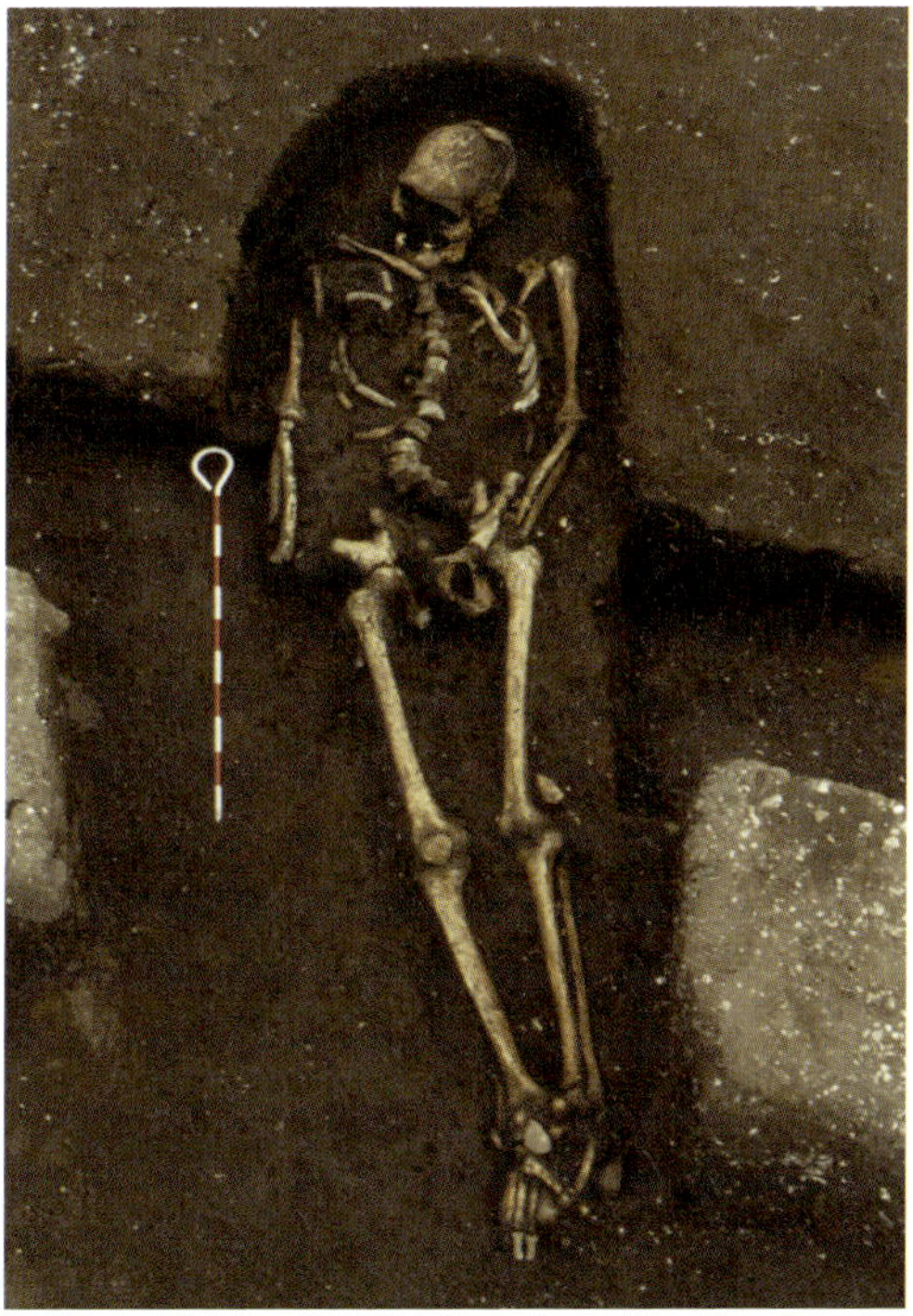

図68 ● **出土した人骨**
手足を真っ直ぐ伸ばした「伸展葬」
という埋葬のしかた。

人骨から食性分析

また、骨の形質ではなくその内部に含まれるタンパク質（コラーゲン）を分析し、古代人の食性を調べようという研究分野もある。食物を通してタンパク質が骨に蓄えられ、それが時間経過によって変化しない性質を利用した分析法である。骨中のコラーゲンに含まれる炭素（^{13}C）と窒素（^{15}N）の濃度の割合と、貝類・魚類・海棲獣・陸棲獣・植物など各食材に含まれるそれらの濃度の割合を比較することによって、その生物が何をおもなタンパク源としていたかを推定しようというものだ。

西広貝塚の第一次調査でみつかった後期と晩期に属する人骨を分析したデータでは、晩期に陸上動物資源の摂取が増加することが示され、時期による生業形態の差を示すものとして注目された。その後、第七次調査検出人骨の分析では、同じ後期に属する人骨にもかかわらず、いずれも海産資

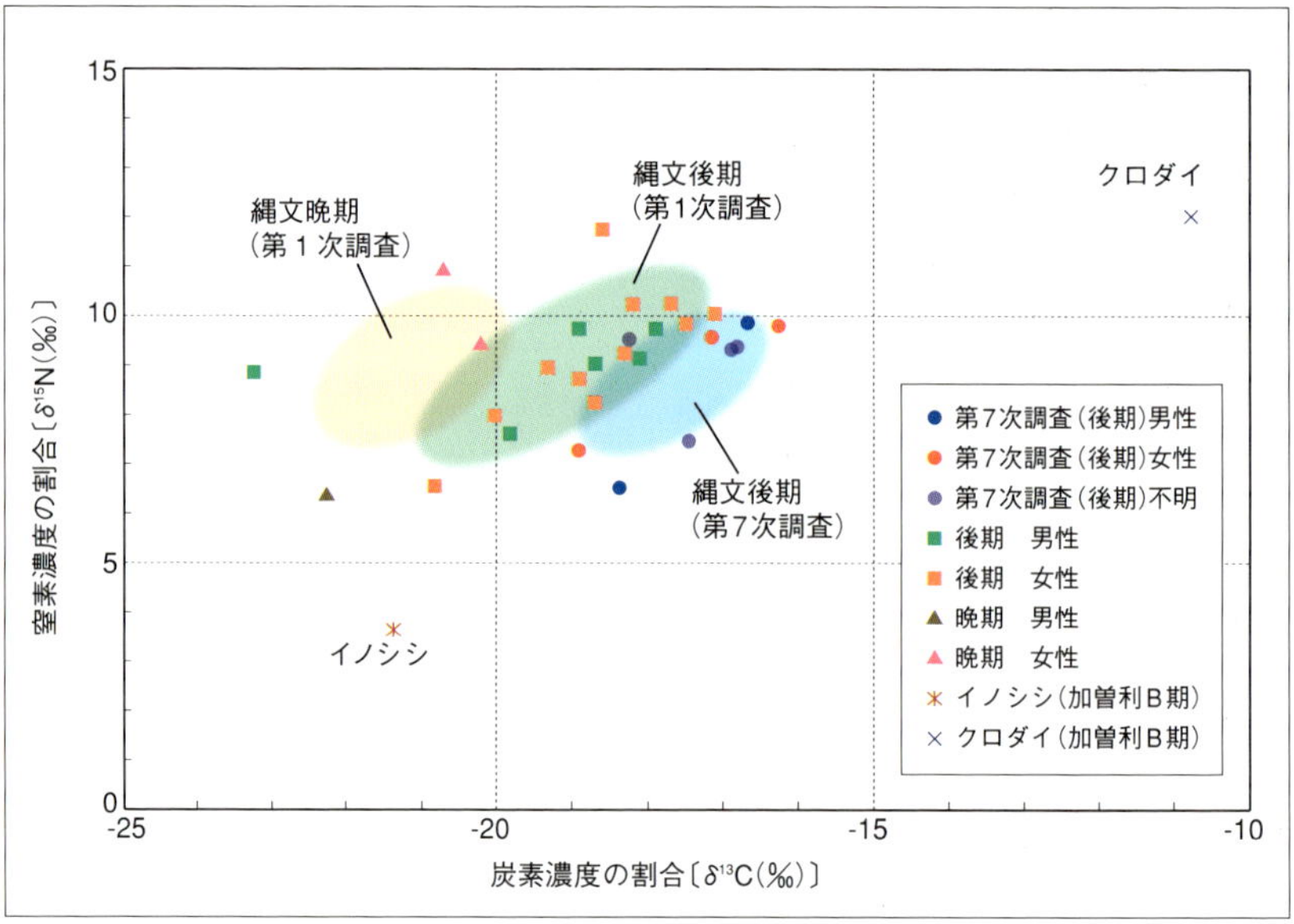

図 69 ● 西広貝塚人骨の食性分析結果

グラフの数値が右側に偏ると海産貝類や魚類、左側に偏るとシカ・イノシシなど陸獣類、下方に偏ると堅果類・イモなど植物類、上方に偏るとイルカ・オットセイなど海獣類を主とした食生活の傾向があったとみることができる。

源への依存度が高いグループを形成していることがわかった（図69）。

第七次調査人骨群は、東側の平坦面貝層中や貝層下からみつかったものであり、とくに中央部の住居跡周辺に埋葬箇所がまとまっている。食性分析のデータは、これらが同一集落内において、出自などが異なる集団の墓域であったことを示している可能性がある（図70）。

副葬されない装身具の謎

多量の装身具類が貝層中からみつかることとは対照的に、遺跡から出土した多数の埋葬人骨に副葬品がほとんどともなわないことは注意すべき現象である。西広貝塚では、人骨に装着した状態でみつかった腕輪や首飾りなどの装身具は皆無に近かった。祇園原貝塚からみつかった人骨でも、同じように副葬されたとみられる装身具類はほとんどなかった。

たくさんの装身具類が貝層中から発見されたということは、彼らが生前には恒常的に装身具を身に着けていた証拠である。しかし、それらはヒトの死とともに遺体からはとり外され、あの世への携行は許されなかったらしい。生きている間は、装身具はつねにその人の一部として装着しつづけられたが、ヒトの死とともにその役割を終え、貝塚のある場所へと送られてしまうようだ。一部が折れも欠けもしない無傷の製品が、貝層中から無造作にみつかる現象の裏には、それを使っていた人の死が関係していたのかもしれない。

ここには、装身具が個人のものとして、一部の人が死後も携行することを許されていた弥生時代以降の社会とはまったく異なる価値観やモノの扱いをみることができるのである。

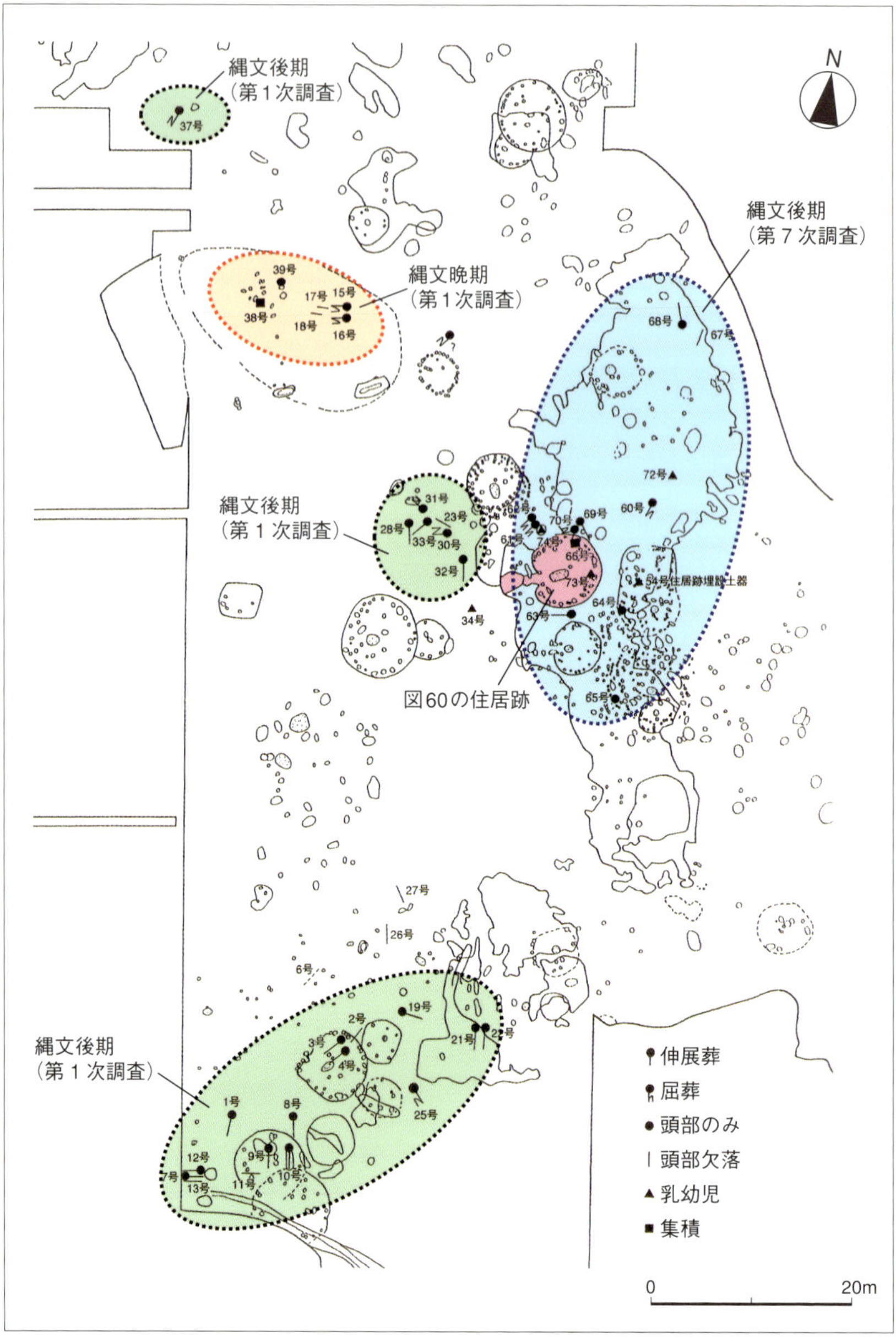

図 70 ● **食性分析に用いた人骨試料の分布**

埋葬は時期ごとにある一定の範囲内（墓域）でおこなわれていたようだ。人骨の時期や墓域と図 69 の食性分析データになんらかの関連があるようにみえてくる。

6　深まる謎

少ない居住の痕跡と膨大な遺物

縄文後期前葉から中葉にかけて、ムラの象徴のように谷の斜面などに厚く積み重ねされた貝塚は、豊かな水産資源に裏打ちされた生業活動の充実ぶりを物語るものとみられる。しかし、その内容が明らかになればなるほど、その後の貝塚の縮小と集落形態の崩壊は非常に極端にうつる。いったい何が原因でこれらがおこったのか解釈に苦しむ。

ここでいま一度考えてみなければならないことは、そもそも西広貝塚集落の遺構の数と貝層規模のアンバランスをどう理解するかという点である。集落内に未調査部分があり、みつかっていない遺構が多くあったにせよ、発掘調査で明らかになった住居跡の分布密度は、西側斜面貝層や東側平坦部に展開する広域な貝層規模とそこに含まれていた膨大な遺物量とは不釣り合いのように思える。

周辺遺跡との関係

市原市内には、西広貝塚から南東約三キロの場所に、縄文後期前葉（堀之内1式）を主体とする数百軒規模の竪穴住居跡を有する武士《たけし》遺跡がある。ここに

遺跡名	時期	貝層規模	人骨	住居数
西広貝塚	中期末〜晩期中葉	大	72	約40
祇園原貝塚	中期末〜晩期前葉	中	112	約60
武士遺跡	中期後葉〜後期中葉	小	8	約400

表3 ● 西広貝塚と周辺遺跡の内容の比較
集落の形成時期や発掘調査の規模の違いもあるので単純な比較はできないが、西広貝塚と武士遺跡の内容は、近隣の集落としては隔絶した差があるように思える。

は、遺構内に堆積した小規模な貝層しか残されていない（表3）。

　また、同じ国分寺台にある祇園原貝塚は、貝層の厚さでは西広貝塚に劣るものの、環状に展開する貝層の分布範囲は直径一九〇メートルほどにおよび、西広貝塚のそれをしのぐ。竪穴住居や土坑群などは中央広場をかこむように、ほぼ縄文後期の全般にわたって数多くみられ、さらに一〇〇体を超える埋葬人骨が墓域を形成してみつかっている。土器・石器・骨角貝製品など、膨大な遺物が出土している点では西広貝塚と共通するが、しっかりとした集落構造を長期間維持している点では、むしろ祇園原貝塚のほうがより通常のムラらしい内容をもっているといえる（図71）。

　これら周辺地域の同時期の遺跡の内容と比較することから、今後あらためて西広貝塚集落の性格について考えてみなければならないだろう。

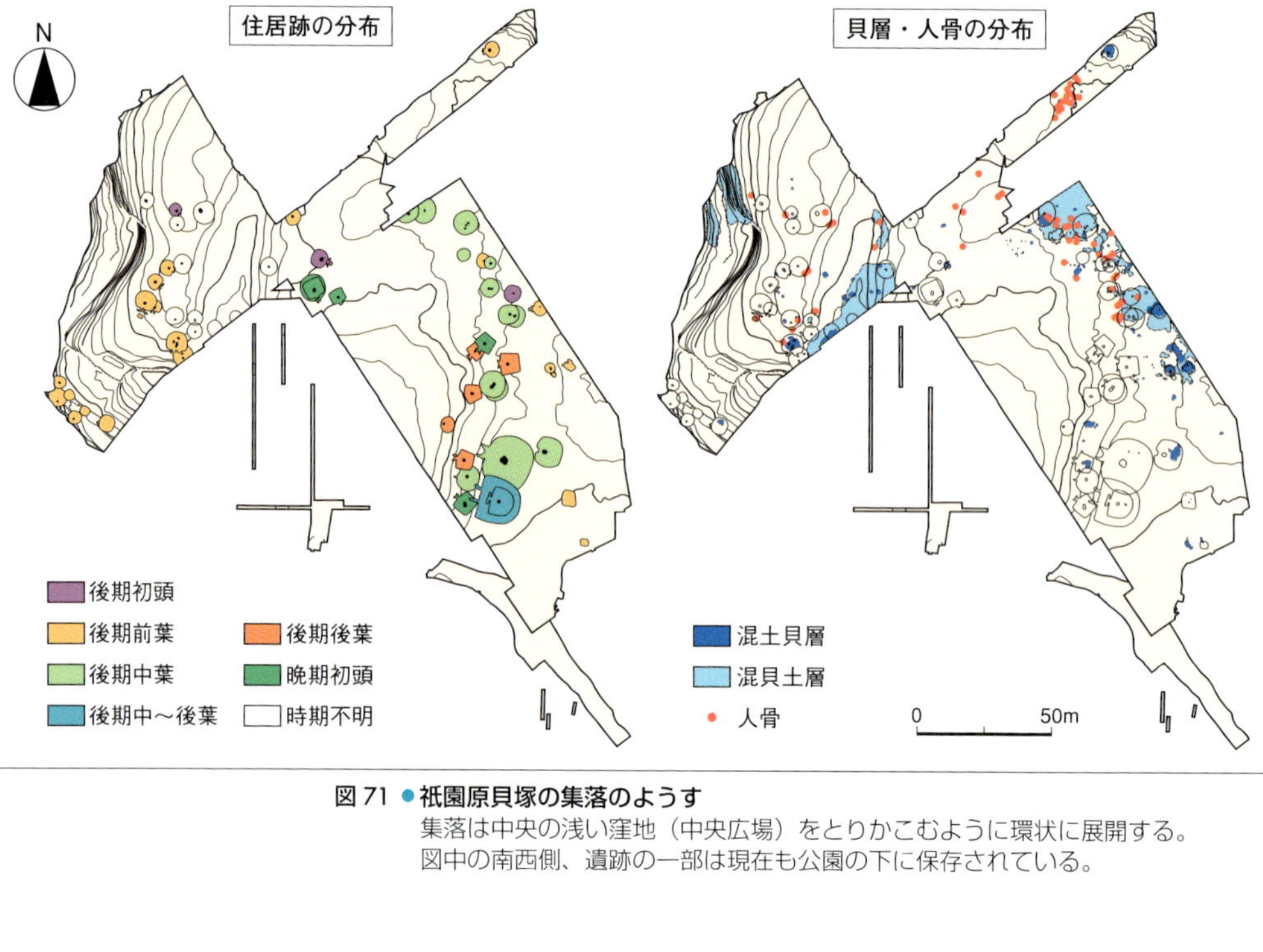

図71 ● 祇園原貝塚の集落のようす
集落は中央の浅い窪地（中央広場）をとりかこむように環状に展開する。
図中の南西側、遺跡の一部は現在も公園の下に保存されている。

第５章　西広貝塚は永遠に

1　護れなかった遺跡、遺された調査成果

計七回にわたる発掘調査の結果、西広貝塚はほぼ全掘された。調査後は、遺跡のあった地盤自体が削平され住宅地へと姿を変えた。三度の調査に参加し、いく度となく遺跡内を歩きまわった私でさえ、いま現地を訪れてみると、そこがいったい貝塚のどのあたりだったのか想像することも難しい。関東地方屈指の大貝塚は、完全に姿を消してしまったのである。市役所前の大通り近くにある石碑が、唯一、貝塚のあった場所を示しているにすぎない（図72）。

しかし、二メートルを越す厚さの貝層を全掘し、そのすべてを採取して分析するという前代未聞の調査は、縄文大貝塚の中身の実態と、この貝塚をつくった人びとが住む集落がどのようなものであったのかを、全国でもはじめて明らかにしたのである。これまで各地で貝塚が調査されることはあっても、それは部分的な調査か、全体を掘ることはあってもすべてを詳細に分析

した調査は皆無だった。そしておそらく、この先どんなに月日が経とうと、西広貝塚と同じような全面的な発掘調査と整理作業がおこなわれることはないであろう。その意味でも、縄文大貝塚の実態をはじめて知らしめた遺跡として、西広貝塚の調査成果は重要なのである。

貝塚のもつ情報量は計り知れない。それらを一つとして漏らすことなくくみとる調査と分析作業は、この世から貝塚を消滅させることとなった者の責務でもある。西広貝塚の整理作業に投入された莫大なエネルギーとそれにともなった時間・費用が、この先、別の貝塚を開発前提の発掘調査から保存へと導く根拠事例とされることを望んでいる。

図72 ● 住宅地の片隅にたたずむ石碑
貝塚があったことを示す唯一の証し。

そして三冊の分厚い発掘調査報告書がつくられた。第一次調査の成果をまとめたシリーズⅠ、集落部分の調査成果をまとめたシリーズⅡ、そして貝塚内容物の分析結果をまとめたシリーズⅢである。このなかに七次にわたる西広貝塚発掘調査の記録がすべて納められている。総ページ数はおよそ三二〇〇。ページをめくって飛びこんでくるのは、大半が数字を並べた表である。貝一片、微細な魚の骨一点をも分析対象とし、これらをデータ化し集計した結果である。この膨大なデータはこの先、貝塚内容物のさまざまな分析・研究に役立つものであると信じている。

2　調査研究成果の活用

講演会と展示会

報告書を刊行した翌年の二〇〇八年、市原市教育委員会では調査成果をいち早く市民に公開することを目的に、「ここまでわかった市原の遺跡・第一回発表会　西広貝塚の謎にせまる」と題する講演会をおこなった。また同日から約四カ月にわたって「西広貝塚展」を開催した。あわせて、「市原の大貝塚」をテーマにした写真主体の冊子も刊行した。「西広貝塚の調査で何がわかったか」を率直に伝えるための企画であった。講演会当日は、用意していた会場はすぐに満席となり、発掘・整理担当者による調査の苦労話を含めた発表と、実物を前にしての展示解説は参加者から好評であった（図73）。特別展の開催期間は、当初予定の三週間から三カ月間延長したが、この間には市内全小学六年生のおよそ半数が見学に訪れ、博物館では味わえない土器や骨・貝などの露出展示は、生きた歴史教材としての威力を存分に発揮した。

図 73 ● **調査研究発表会と特別展**
上：講演する発掘調査担当者の米田耕之助氏。
下：展示解説をする整理担当者の鶴岡英一氏。

縄文体験・南房総貝拾いツアー

これまでみてきたように、西広貝塚から出土した膨大な遺物のうちで特徴あるものに、タカラガイ・イモガイなどの貝製品類がある。その数量と内容は東日本ではずば抜けており、この遺跡を語るうえで欠かすことのできない資料といえる。

その背景には、南房総特有の「貝材」利用があり、それを積極的におこなっていたムラの一つが西広貝塚であったことを示す証拠でもある。貝塚の整理作業とほぼ同時並行で、房総半島をはじめ各地でおこなった現生貝類調査成果によって、「貝材」が豊富に得られる場所が現在でも南房総にいくつかあることも明らかとなった。

その一つが市原市から車で片道二時間弱の鴨川市浜荻《はまおぎ》海岸（図40参照）で、この海岸はおそらく東日本でもっともベンケイガイを良好に打ち上げる場所であり、さらにはタカラガイ類なども数多く得ることができる。この海岸では、縄文時代に腕輪やペンダントなど貝製装身具の材料となっていた貝類をほぼすべて集めることができるのである。そこで、教育委員会主催で、素材貝を入手することから体験する「縄文体験・南房総貝拾いツアー」と「貝輪づくり教室」

図74 ●縄文体験・南房総貝拾いツアー
千葉県鴨川市浜荻海岸で、海岸に打ち上げられた貝を拾い（上）、拾い集めた貝で縄文の貝アクセサリーをつくる（下）。

が企画され、すでに一〇年を迎えるに至った（図74・75）。遺跡や遺物の調査研究成果にもとづいて、当時の活動になるべく近いかたちで追体験できる講座はそう多くないと思われる。まさに地の利を活かした体験講座で、今後も息の長い事業として継続していきたい。

二九年前のあの日から

大学二年の秋に初めて参加した貝塚の発掘調査。ここで受けた強烈な印象は、その後の私の人生を決定づけたと言ってもいい。当時の私にとって、遺跡で見るもの触れるものがまさに驚きの連続で、自分で考えながら貝層を掘り進める作業は、大学の教室内のどんな講義よりも刺激的であった。貝塚とは何と魅力的な遺跡であるのか、西広貝塚はどんなにすごい遺跡であるのかを日々実感していた。

さらに、この遺跡の発掘現場には、担当者であった米田耕之助氏、当時早稲田大学で教鞭をとられていた金子浩昌先生をはじめ、学生に対して懐深く接してくださる諸先輩方がいて、駆け

図75 ● ベンケイガイの貝輪づくり
使用する道具は石のハンマー・鹿角ハンマー・砥石だけ。貝輪の作り方はそれほど難しくはなく、コツさえつかめば小学生でも1時間の講座内でつくることが可能だ。

だしの考古学徒にも責任ある仕事をまかせてくれた。膨大な量の貝の山を相手にした分層発掘と悉皆《しっかい》サンプリング調査は、まさに時間との戦いでもあり、私たち学生たちにも、自分たちに与えられた使命の重さは言われなくてもひしひしと伝わっていた。

宅地造成の工期が迫るなか、何とか自分たちの手で、この貴重な遺跡の記録を残そうと必死だった。そしていつの日か、この遺跡を自分の手で整理し分析してみたい、西広貝塚の真の姿を明らかにしてみたいと思うようになっていた。その後、縁あって市原市に奉職し、本当にこの遺跡の整理・報告書刊行に携わろうとは、二九年前のあの日には夢にも思わなかった。

一〇年という整理作業の過程では、発掘調査時点でまったく気づきもしなかった発見が数多くあり、その一つである貝製品が、私の目下の研究対象にもなっている。これらの成果は、まさに発掘調査ですべての貝を採取し、そして整理作業で気の遠くなるような細かい作業を成し遂げた多くの人たちの努力が結実したものである。発掘調査を担当した米田耕之助・西田道世・大貫静夫・田所真・近藤敏・高橋康男諸氏から渡されたバトンは、整理作業の段階になって大村直・半田堅三・浅利幸一氏らの手を経て、安井健一・鶴岡英一氏・著者へと渡され、ようやく発掘調査報告書刊行というゴールへ至った。

しかし、西広貝塚に対する研究は、まさにいま始まったばかりである。この膨大な遺物データをどう読み解き、いかに縄文文化研究に役立てていくか。今後もさまざまな分野で、西広貝塚の研究成果を発信しつづけていくつもりである。

参考文献

M. Nishimura 1938 "ON SAIHIRO SHELL-MOUND" 早高史学一

鈴木秀枝 一九四九「西広貝塚―市原村大字西広所在」『千葉県史蹟天然記念物調査報告書第一輯 市原遺跡発掘調査概報』千葉県教育委員会

市毛 勲・戸田 健 一九六五「千葉県市原市西広貝塚」市原市教育委員会

鶴岡英一 二〇〇五「西広貝塚出土の骨角貝製品について―昭和二三年調査出土資料の紹介―」『市原市文化財センター研究紀要』V

市原市教育委員会 一九九九「祇園原貝塚」『上総国分寺台遺跡調査報告』V

上総国分寺台遺跡調査団 一九七七「西広貝塚」『上総国分寺台遺跡調査報告』III

市原市教育委員会 二〇〇五「西広貝塚II」『上総国分寺台遺跡調査報告』XIV

市原市教育委員会 二〇〇七「西広貝塚III」『上総国分寺台遺跡調査報告』XVII

市原市教育委員会 二〇〇八「発掘いちはらの遺跡」二号 特集：市原の大貝塚

(財)市原市文化財センター 二〇〇一「なるみちゃんの貝輪教室」『発掘ってなあに』第二号 貝塚篇別冊

忍澤成視 二〇〇五「ベンケイガイ製貝輪に学ぶ―体験学習としての貝輪づくり―」『市原市文化財センター研究紀要』V

忍澤成視 二〇〇七「縄文時代における房総半島の貝材利用の実態―千葉県市原市西広貝塚の貝製装身具の分析結果を中心に―」『動物考古学』二四 動物考古学研究会

忍澤成視 二〇〇八「貝塚出土の魚貝類―東京湾で採れた海の幸―」『市原市歴史と文化財シリーズ』一三 市原市地方史研究連絡協議会

忍澤成視 二〇〇九「大型貝塚調査から見えてきた縄文時代の装身具の実態と貝材利用」『東京湾巨大貝塚の時代と社会』雄山閣

忍澤成視 二〇〇九「もう一つの「貝の道」―伊豆諸島におけるオオツタノハ製貝輪生産―」『動物考古学』二六 動物考古学研究会

忍澤成視・池谷信之 二〇一〇「千葉県市原市西広貝塚出土の黒曜石の産地分析」『千葉縄文研究』四

展示室紹介

市原市埋蔵文化財調査センター

- 千葉県市原市能満 1489 番地
- 電話：0436（41）9000
- 開館時間：9：00 ～ 17：00
- 休館日：土・日曜、祝日、年末年始
- 入館料：無料
- 交通：ＪＲ内房線「五井駅」東口から、小湊バス「中央武道館」行き「埋蔵文化財調査センター（終点）」下車すぐ。

市原市埋蔵文化財調査センター展示室

市内で発掘された遺跡・遺物を調査研究することを目的に設置された施設。遺物の収蔵・管理を主目的とした建物だが、エントランスホールには、縄文から中世まで各時代の遺物を展示している。また、市内の遺跡・遺物を教材とした年数回の市民向け講座を土曜日に開催、小中学生対象のものづくり体験講座を夏休み期間などにおこなっている。

刊行にあたって

「遺跡には感動がある」。これが本企画のキーワードです。

あらためていうまでもなく、専門の研究者にとっては遺跡の発掘こそ考古学の基礎をなす基本的な手段です。また、はじめて考古学を学ぶ若い学生や一般の人びとにとって「遺跡は教室」です。

日本考古学では、もうかなり長期間にわたって、発掘・発見ブームが続いています。そして、毎年厖大な数の発掘調査報告書が、主として開発のための事前発掘を担当する埋蔵文化財行政機関や地方自治体などによって刊行されています。そこには専門研究者でさえ完全には把握できないほどの情報や記録が満ちあふれています。しかし、その遺跡の発掘によってどんな学問的成果が得られたのか、その遺跡やそこから出た文化財が古い時代の歴史を知るためにいかなる意義をもつのかなどといった点を、莫大な記述・記録の中から読みとることははなはだ困難です。ましてや、考古学に関心をもつ一般の社会人にとっては、刊行部数が少なく、数があっても高価なその報告書を手にすることすら、ほとんど困難といってよい状況です。

いま日本考古学は過多ともいえる資料と情報量の中で、考古学とはどんな学問か、また遺跡の発掘から何を求め、何を明らかにすべきかといった「哲学」と「指針」が必要な時期にいたっていると認識します。

本企画は「遺跡には感動がある」をキーワードとして、発掘の原点から考古学の本質を問い続ける試みとして、日本考古学が存続する限り、永く継続すべき企画と決意しています。いまや、考古学にすべての人びとの感動を引きつけることが、日本考古学の存立基盤を固めるために、欠かせない努力目標の一つです。必ずや研究者のみならず、多くの市民の共感をいただけるものと信じて疑いません。

監　修　戸沢　充則

編集委員　勅使河原彰　小野　昭
小野　正敏　石川日出志
小澤　毅　佐々木憲一

著者紹介

忍澤成視（おしざわ・なるみ）

1962年千葉県船橋市に生まれる。

早稲田大学大学院文学研究科考古学専攻修士課程修了。

現在、市原市教育委員会・埋蔵文化財調査センター主査。

1999年から貝製品研究に没頭。かつて趣味にしていたスキューバダイビングの経験をフルに活用、伊豆諸島をはじめ全国各地の海へ赴き現生貝調査をおこない、生物学的知見から考古学の課題に挑む。

主な著書　「骨角器の研究　縄文篇Ⅰ・Ⅱ」共著（慶友社）、「貝の考古学」（同成社）、「縄文時代の社会考古学」共同執筆（同成社）、「縄文時代の考古学6・ものづくり」共同執筆（同成社）、「東京湾巨大貝塚の時代と社会」共同執筆（雄山閣）

写真提供（所蔵）
市原市教育委員会：図1・5・6・8・10～18・20～22・23上・24～27・29・31～39・44・45・48写真・50～52・57～63・68・73～75
早稲田大学會津八一記念博物館：図7
（公財）岩手県文化振興事業団埋蔵文化財センター：図49
堀越知道（撮影）・千葉県立中央博物館（写真保管）・東京大学総合研究博物館（資料所蔵）：図64

図版出典（一部改変）
市原市教育委員会：図3・6・9・23下・28・30・53～56・69～71

上記以外は著者

シリーズ「遺跡を学ぶ」080

房総の縄文大貝塚・西広《さいひろ》貝塚

2011年10月15日　第1版第1刷発行

著　者＝忍澤成視

発行者＝株式会社 新 泉 社
東京都文京区本郷2-5-12
振替・00170-4-160936番　TEL03(3815)1662／FAX03(3815)1422
印刷／萩原印刷　製本／榎本製本

ISBN978-4-7877-1050-5　C1021

シリーズ「遺跡を学ぶ」

A5判／96頁／定価各1500円＋税

第Ⅰ期（全31冊完結・セット函入46500円＋税）

01 北辺の海の民・モヨロ貝塚　米村衛
02 天下布武の城・安土城　木戸雅寿
03 古墳時代の地域社会復元・三ツ寺Ⅰ遺跡　若狭徹
04 原始集落を掘る・尖石遺跡　勅使河原彰
05 世界をリードした磁器窯・肥前窯　大橋康二
06 五千年におよぶムラ・平出遺跡　小林康男
07 豊饒の海の縄文文化・曽畑貝塚　木﨑康弘
08 未盗掘石室の発見・雪野山古墳　佐々木憲一
09 氷河期を生き抜いた狩人・矢出川遺跡　堤隆
10 描かれた黄泉の世界・王塚古墳　柳沢一男
11 江戸のミクロコスモス・加賀藩江戸屋敷　追川吉生
12 北の黒曜石の道・白滝遺跡群　木村英明
13 古代祭祀とシルクロードの終着地・沖ノ島　弓場紀知
14 黒潮を渡った黒曜石・見高段間遺跡　池谷信之
15 縄文のイエとムラの風景・御所野遺跡　高田和徳
16 鉄剣銘一一五文字の謎に迫る・埼玉古墳群　高橋一夫
17 石にこめた縄文人の祈り・大湯環状列石　秋元信夫
18 土器製塩の島・喜兵衛島製塩遺跡と古墳　近藤義郎
19 縄文の社会構造をのぞく・姥山貝塚　堀越正行
20 大仏造立の都・紫香楽宮　小笠原好彦
21 律令国家の対蝦夷政策・相馬の製鉄遺跡群　飯村均
22 筑紫政権からヤマト政権へ・豊前石塚山古墳　長嶺正秀
23 弥生実年代と都市論のゆくえ・池上曽根遺跡　秋山浩三
24 最古の王墓・吉武高木遺跡　常松幹雄
25 石槍革命・八風山遺跡群　須藤隆司
26 大和葛城の大古墳群・馬見古墳群　河上邦彦
27 南九州に栄えた縄文文化・上野原遺跡　新東晃一
28 泉北丘陵に広がる須恵器窯・陶邑遺跡群　中村浩
29 東北古墳研究の原点・会津大塚山古墳　辻秀人
30 赤城山麓の三万年前のムラ・下触牛伏遺跡　小菅将夫
別01 黒耀石の原産地を探る・鷹山遺跡群　黒耀石体験ミュージアム

第Ⅱ期（全20冊完結・セット函入30000円＋税）

31 日本考古学の原点・大森貝塚　加藤緑
32 斑鳩に眠る二人の貴公子・藤ノ木古墳　前園実知雄
33 聖なる水の祀りと古代王権・天白磐座遺跡　辰巳和弘
34 吉備の弥生大首長墓・楯築弥生墳丘墓　福本明
35 最初の巨大古墳・箸墓古墳　清水眞一
36 中国山地の縄文文化・帝釈峡遺跡群　河瀬正利
37 縄文文化の起源をさぐる・小瀬ヶ沢・室谷洞窟　小熊博史
38 世界航路へ誘う港市・長崎・平戸　川口洋平
39 武田軍団を支えた甲州金・湯之奥金山　谷口一夫
40 中世瀬戸内の港町・草戸千軒町遺跡　鈴木康之
41 松島湾の縄文カレンダー・里浜貝塚　会田容弘
42 地域考古学の原点・月の輪古墳　近藤義郎・中村常定
43 天下統一の城・大坂城　中村博司
44 東山道の峠の祭祀・神坂峠遺跡　市澤英利
45 霞ヶ浦の縄文景観・陸平貝塚　中村哲也
46 律令体制を支えた地方官衙・弥勒寺遺跡群　田中弘志
47 戦争遺跡の発掘・陸軍前橋飛行場　菊池実
48 最古の農村・板付遺跡　山崎純男
49 ヤマトの王墓・桜井茶臼山古墳・メスリ山古墳　千賀久
50 「弥生時代」の発見・弥生町遺跡　石川日出志

第Ⅲ期（全26冊完結・セット函入39000円＋税）

51 邪馬台国の候補地・纒向遺跡　石野博信
52 鎮護国家の大伽藍・武蔵国分寺　福田信夫
53 古代出雲の原像をさぐる・加茂岩倉遺跡　田中義昭
54 縄文人を描いた土器・和台遺跡　新井達哉
55 古墳時代のシンボル・仁徳陵古墳　一瀬和夫
56 大友宗麟の戦国都市・豊後府内　玉永光洋・坂本嘉弘
57 東京下町に眠る戦国の城・葛西城　谷口榮
58 伊勢神宮に仕える皇女・斎宮跡　駒田利治
59 武蔵野に残る旧石器人の足跡・砂川遺跡　野口淳
60 南国土佐から問う弥生時代像・田村遺跡　出原恵三
61 中世日本最大の貿易都市・博多遺跡群　大庭康時
62 縄文の漆の里・下宅部遺跡　千葉敏朗
63 東国大豪族の威勢・大室古墳群〔群馬〕　前原豊
64 新しい旧石器研究の出発点・野川遺跡　小田静夫
65 旧石器人の遊動と植民・恩原遺跡群　稲田孝司
66 古代東北統治の拠点・多賀城　進藤秋輝
67 藤原仲麻呂がつくった壮麗な国庁・近江国府　平井美典
68 列島始原の人類に迫る熊本の石器・沈目遺跡　木﨑康弘
69 奈良時代からつづく信濃の村・吉田川西遺跡　原明芳
70 縄紋文化のはじまり・上黒岩岩陰遺跡　小林謙一
71 国宝土偶「縄文ビーナス」の誕生・棚畑遺跡　鵜飼幸雄
72 鎌倉幕府草創の地・伊豆韮山の中世遺跡群　池谷初恵
73 東日本最大級の埴輪工房・生出塚埴輪窯　高田大輔
74 北の縄文人の祭儀場・キウス周堤墓群　大谷敏三
75 浅間山大噴火の爪痕・天明三年浅間災害遺跡　関俊明
別02 ビジュアル版 旧石器時代ガイドブック　堤隆

第Ⅳ期　好評刊行中

76 遠の朝廷・大宰府　杉原敏之
77 よみがえる大王墓・今城塚古墳　森田克行
78 信州の縄文早期の世界・栃原岩陰遺跡　藤森英二
79 葛城の王都・南郷遺跡群　坂靖・青柳泰介
80 房総の縄文大貝塚・西広貝塚　忍澤成視